换个角度看人生

慢慢来，静好的岁月都会给你

滴水可穿石，欲速则不达

马 利/编著

内蒙古出版集团 | 远方出版社

图书在版编目（CIP）数据

慢慢来，静好的岁月都会给你 / 马利编著 .—呼和浩特：远方出版社，2015. 1

ISBN 978 - 7 - 5555 - 0359 - 0

Ⅰ. 慢… Ⅱ. ①马… Ⅲ. 情绪 - 自我控制 - 通俗读物 Ⅳ. B842. 6 - 49

中国版本图书馆 CIP 数据核字（2014）第 309778 号

慢慢来，静好的岁月都会给你

编　　著 马　利

责任编辑 董美鲜　于丽慧

封面设计 柏拉图创意机构

出版发行 内蒙古出版集团　远方出版社

社　　址 呼和浩特市乌兰察布东路 666 号　邮编 010010

电　　话 (0471)2236471 总编室　2236460 发行部

经　　销 新华书店

印　　刷 北京毅峰迅捷印刷有限公司

开　　本 670mm × 960mm　1/16

字　　数 241 千

印　　张 17

版　　次 2015 年 2 月第 1 版

印　　次 2015 年 2 月第 1 次印刷

印　　数 1—6000 册

标准书号 ISBN 978 - 7 - 5555 - 0359 - 0

定　　价 29. 80 元

如发现印装质量问题，请与出版社联系调换。

前　言

在高速发展的商业时代，快餐、速配、闪客等速度型名词和现象充斥着我们的生活，甚至连文化都是快餐文化，来不及沉淀为经典就已经消失。繁华的城市中，高耸入云的大厦里，全是键盘紧张而急促的敲击声，滚滚车流贯穿于整个大街小巷；地铁里熙熙攘攘的乘客挤在狭小的车厢内，一旦车门打开，人流如潮；大街上，每个人都行色匆匆；网页上的新闻随时刷新，此刻的头条不多时被挤出了版面……

“快”生活让现代人背负着太多的压力和责任，不敢放慢自己的脚步，因为一旦放松就可能会失去机会、金钱、工作。在这样浮躁喧嚣的社会风气下，人们正在忽略和失去一些有价值的、看似无关紧要的细节。“快”带来太多负面的东西：体现在“为达到目的而不择手段”上，体现在“为了追求所谓的快速发展而竭泽而渔”上，体现在“丢下本职工作把心思和精力投到炒股”上，体现在“为了追求所谓的学位、学历而参加所谓的速成班”上，体现在“为了得到所谓的职称而不惜重金雇佣枪手”上，体现在“为了所谓的面子看到别人买车、买房不考虑自己的经济能力最终成为房奴、车奴”上，体现在“为了所谓的财富而鼓动自己的亲朋好友陷入传销的陷阱”上，体现在“为了所谓的荣华富贵而出卖自己的人格和尊严”上，体现在“每天买彩票期待自己有一天成为百万富翁”上，体现在“为了攫取财富而贪污或者收取他人贿赂”上……约翰·列侬曾经说过：“当我们正在为生活疲于奔命的时候，生活已经离我们而去。”“快”生活使人浮躁不安，对生活失去耐心，不再讲求厚积薄发，变得急功近利。

在我们被推上时代的快车，被迫“享受”各种“快感”的时候，捷克作家米兰·昆德拉在《慢》一书中发出的感慨不禁让我们反思：“慢的乐趣怎么失传了呢？啊，古时候闲荡的人到哪儿去啦？民歌小调中的游手好闲的英雄，这些漫游各地磨坊，在露天过夜的流浪汉，都到哪儿去啦？他们随着乡间小道、草原、林间空地和大自然一起消失吗？”这样高速旋转的生活方式难道真的是我们想要的吗？我们还能感受到生活带给我们的快乐吗？

“慢生活潮流”自1986年在意大利出现后，便风靡世界。品味时代之万象，反思生活之本源，我们发现现实的压力和困境常常使我们错过了我们应该享受的幸福和快乐，常被欲望、浮躁、郁闷、计较及爱恨纠缠蒙蔽了双眼，并把身体内的大部分能量消耗在这些负面情绪上，不知道自己到底在匆忙追求着什么，不知道自己真正要的是什么，不知道怎样才能实现自己的人生目标，让生命更有价值。

本书用通俗易懂的语言和鲜活生动的案例，告诉读者“快”时代人们为何会心累、心急，阐释了“慢慢来”的哲理——美食需要时间去品味，美酒需要时间变醇厚，感情需要时间去经营，成功需要时间去积累，理想需要时间去实现。同时帮助读者一边让心中的浮尘沉淀下来，对自己的心灵进行修炼，一边不慌不忙地去爱和被爱；一边一步步脚踏实地地工作，一边享受轻松而精致的生活；一边努力跋山涉水去远行，一边慢慢欣赏沿途的风景，从容不迫地走完人生之旅的全程。

慢慢来，
静好的岁月都会给你

目录
CONTENTS

第一章　生命苦旅，多给自己一点喘息的空间

第二章　乐活人生，心态决定你的世界

第三章　淡定从容，别让灵魂在红尘中失落

第四章　过客匆匆，只因我们没有为爱停留

第五章　水滴石穿，罗马不是一天建成的

第六章　虔诚祈祷，总有比现在更美的未来

第七章　洗尽铅华，享受“快”时代的慢生活

第一章　生命苦旅，多给自己一点喘息的空间

生命是一次苦旅，我们都在路上。每个人的客观环境和生活际遇都不尽相同，不能用同一种标准来衡量每个人的作为。当你发现自己的愿望与现实的差距太大时，不要急不可耐，不顾一切地“玩命”。因为那些“共同的目标”并不一定是你真正需要的。

1. 慢活，莫让人生太匆匆

从孩子出生伊始，“不能输在起跑线上”的口号，便时刻督促着家长，给孩子们安排越发忙碌的课余生活。学生时代，早上学、跳班、提前毕业，越来越多地与时间赛跑的案例出现在我们身边，“年龄不等人，出名要趁早”成了很多学生的口头禅；当我们终于熬到上班，又不得不面对更加“快速”的生活：一步到位、名利双收、争当明星、嫁入豪门、一夜暴富……我们生活在一个不断提速的时代。出差选择飞机高铁，上网体验极速享受，连吃饭也要争分夺秒。“快些！再快些！”这已经成了每个人生活中的潜台词。一位著名的心理学家说，目前，中国因为发展速度很快，大家会有这样的想法：如果放慢脚步就有一种被抛弃的感觉，有一种没能实现人生价值的感觉，别人也会认为你不思进取。

所以，越来越多的职场人士选择了快节奏的生活。有时候走在大街上，偶然遇到一个多年未见的老朋友，我们也只是礼貌性地寒暄，互致一下礼节性地问候，便没有了交流的话题。因为现在的人已经不适应深入地沟通，也缺少了延续旧情的条件。忙，总是人们挂在嘴边的理由。来也匆匆，去也匆匆，这就是现代人的生活节奏。

尽管如此，人们还是觉得时间不够用，而且期望在人生的岁月里，梦想成真并赢得世界的认同。这就像学功夫的人，分秒必争，如电影《功夫》里的周星驰，竟然被逼出一套如来神掌。人往往以追求理想的名义来肯定自己的存在。“时间就是生命，时间就是金钱”，美国人富兰克林的这句名言激励了数代人，演变为一种普世的价值观。忙忙碌碌的生活节奏已经被大多数人所认同。但在快节奏的生活中，我们渐渐失去了痛感、快感。

延参法师曾说：“生命是每个人借来的一段时光，连租期也没掌握在自己手中，不知道哪天生命会走到尽头。既然活着，就只有一件事情最重要，正所谓的是人生为一大事来——为自己而活，活出一个快乐的自己，这样才不辜负有限的岁月。”

然而，在“快”时代，我们每一个人就如同空气中浮动的尘埃，不知飘向何方，不知落在何地。没有方向感的焦虑与纠结，没有安全感的苦痛与恐惧，没有思想感的轻浮与悬置，没有人生感的空洞与虚无，没有灵魂感的不洁与脏乱，使每一个人都有被掐住喉咙般窒息的感觉，生命因此变成了一次苦旅。

记得有这样一个故事：

有一个人在偏远的村庄买了满满一车西瓜，用拖拉机载着，往城里赶路，希望能卖个好价钱。由于从村里出来的路弯弯曲曲，坑坑洼洼，他不熟悉，他便向路边的一位农夫打听，这里离大路还有多远。

“慢慢走，你再过十分钟就能到大路了，”老农答道，“但如果快速赶路，将会耗费你很多时间，甚至会白走一趟。”

“这是什么道理？疯子！”这个人不加理会地说道。

问完路，他逃命般地提速前进。不料还没走几里，车轮就撞到了石头，装满西瓜的车猛烈地摇晃起来。西瓜掉到地上，车速的冲击力太大，轮胎被锋利的尖石划破。无奈，西瓜赔本不算，还要修补轮胎。

折腾了很久，拖拉机总算可以开动了，可他却累得无法动弹了。他疲惫地爬回驾驶席上，慢慢回味农夫的话，他恍然大悟。在剩余的路途中，他小心翼翼地开车慢行。很快就到达了大路，只不过，那个时候，天已经黑了。

在人生的旅途中，我们有时候又何尝不像这个人一样，希望早点到达目的地，不停地赶路，结果却事与愿违。是的，我们每个人从呱呱坠地的那一刻起，便开始了我们跌宕起伏的人生旅途。然而，人生之路是长跑还是短跑，谁也无法预测。如果你把人生当成 100 米短跑，就要控制好爆发力，以确保从头到尾都能保持很好的速度；如果当成 400 米、800 米中长跑，那么一开始就不能太使劲，以确保后一段路程的体力；若是 1000 米以上的长跑，那就更不能靠急性子和爆发力了，而要靠不紧不慢的持久力和忍耐力。

张静初在成名之前，我们都不知道她是谁。她本名叫张静，“初”字让这个原本普通到不能再普通的名字有了一丝味道。后来，因为电影《孔雀》获得柏林电影节银熊奖，而一举成名。众多知名影评人对她给予肯定和赞赏，将她捧为“继章子怡之后中国影坛又一个幸运儿”。张静初听后只淡淡地一笑说：“有些人是以长跑的姿态进入跑道的，有些人则以短跑的姿态进入跑道。暂时落后了你不能急躁，必须明白自己是跑长跑的，耐力和定力最重要。人生是一场马拉松，赢到最后才叫赢。”

是的，生命苦旅，岁月悠悠。你要想跑得远一点，那就请慢慢来。

2. 你是否“活得累”呢

当今社会，不管男人还是女人，当官的还是老百姓，有钱的还是没钱的，跟朋友一见面都会抱怨几句，“活得累”几乎成了这个时代的“口头禅”。

李晋从名牌大学毕业后就进了机关，从县城农业局里一名小科员做起，15 年后才提升为正科长。40 岁时调到省城，5 年后终于提拔为处级，相当于县农业局局长，而在省农业局只算是中层干部。不得不铆足劲，希望再上一个台阶。

从任命生效的第一天开始，他就没有睡过一个踏实觉，早上醒来，脑袋就像空转了一夜的马达，头昏脑涨，“要管的事情越多，责任越大，每天提心吊胆就怕出事。”和上级领导要沟通，领会领导的意图；和下属更要联系紧密，激发他们工作的积极性。遇到不省心的年轻人，会觉得他们办事不让人省心；碰见单位里资格老的人偷懒，又碍于面子没法说他们。一周 7 天，他几乎有 4 个晚上是在加班，回到家就倒头大睡。没时间和老婆说话，只能把家里大小事务都交给她。女儿住校读书，他更是一个月见不上几次面，更别说辅导孩子的功课。他时常向老同学倾诉，“活得太累了”。

阿媛从人大毕业后成为一家外企的白领。之后的几年她几乎是一年换一个公司，欧洲的、美国的、韩国的……全部是知名世界 500 强。跳槽的真实原因大都很简单——为了更高的薪酬。说来她也比较幸运，从第二家公司起就被猎头盯上，基本上在一家公司工作大约一年，就会有猎头打电话来问她是否考虑新的机会。她的薪水从大四毕业实习期的 900 元每月上升到 1.7 万元，并升为中层主管。2002 年她按揭买了一个小房子，到 2005 年卖掉又换了一套大的并且和男友计划结婚，只可惜好景不长，闪婚又闪离了……小房子换成大房子，依然没能成为“家”。

而且，她在职场往往处于比较尴尬的境地，在单位每天都要面对各种事情：货源的组织、运输费用是否到位、职工的福利、文电的传达、形形色色的检查组、督导组。岗位上碰到的突发事情让她疲于应对，就像一个上足了发条的机械，只能不停地运作着……但等到积累了一定的工作经验，混到所谓的管理层，上升的空间有限了。更令人沮丧的你开荒种地播种后，成熟的果实却被总部突然派来的鬼子摘了去；还有不小心站错队伍跟错人，也会被重新分配到一个偏僻角落凉快去。每每劳累了一天回到家就不想动弹了，一个人躺在黑暗里，才感觉到自己真累。

例子中的两个人一个公务员一个外企白领，都是令人羡慕的小康阶层，有着很炫的光环。奇怪的是，披星戴月、向土地要粮的农民，早出晚归、与机器为伴的工人，走街串巷、靠骑三轮车卖豆浆糊口的小贩，以及四处奔波、为温饱忙碌的下岗人员很少有人说“活得真累”。常出此语者反而是一些职业体面、工作轻松、收入稳定、衣食无忧的人，有的甚至是当红的名人或拥有“一亩三分地”的领导人物。

从现代心理学的观点来看，有“活得累”这种想法的人，大多数得的是“心病”，也就是他们的心理失去平衡或发生了障碍。有句俗话：“心病还须心药医”。那些喊“活得累”的人，应该认真分析一下自己究竟累在什么地方，并切切实实地对症下药。这样，才能使自己从“活得累”的境况中解脱出来，从而使自己生活得充实、快乐。

台湾著名心理学家吴静吉博士认为，人活着累的一大部分原因来自于生存。现代社会飞速发展，容不得人们有太多的思考，而现代人要扮演的角色也越来越多。男人必须是孝顺的儿子、体贴的丈夫、严厉的父亲、优秀的领导、招之即来的修理工甚至服务到位的按摩师；而女人必须是温柔的妻子、贴心的女儿、慈祥的母亲、优秀的烹饪师甚至勤劳的小时工。吴静吉说，多重角色的扮演和巨大的生存压力，让人们很难不感觉到累，过度负荷带来的只能是心理和身体上的双重疲惫。

事实上，没有人能解释人为什么“活得累”。蚁族、月光族、屌丝、蜗居、房奴或想成为房奴而不可得、裸婚、白富美、高富帅……层出不穷的网络名词不断宣泄着人们的不满或困惑。只有你能给自己一个更清楚的解释。当你在寒风凛冽的街头为客户奔波劳碌，当你为赶上最后一班公交车拼命狂奔，当你在办公室中忙碌而机械地处理着业务……你有没有发现你的神经被敲打得日益衰弱？而心脏在这马不停蹄的追赶中也渐生疲惫？你有没有想过要转变思维，换一种方式生活？

每个人的思想以及思维方式决定了他的现状和未来。浩瀚的历史长河中，万物如水般流逝。时间永远不会为某个人驻留。每个有思想的人，都不愿意自己在世上庸庸碌碌，无所作为，而是希望能在短暂的人生中尽其所能不断发展事业，追求爱情与完美婚姻、仕途进步、功名与财富。倘若你正为此而“玩命”，感到身心疲惫的时候，请按下暂停键，想一想，再做下一步打算。

生活还要继续下去，只是看你用什么方式去活。

3. 痛，才有活着的感觉

活着，为什么会痛呢？

痛的本义是疼痛，与疾病有关；苦的本义是苦菜，后来演化为甘、甜的反义。随着现代文明的发展和演进，医学也已越来越发达，身体上的病痛已基本没有什么不可以解决的了；科学的发展也带来了物质的极大丰富，口味鲜甜的东西已经多到可以让你坐在那里想一天也想不完。但是人类的痛苦却并没有一天一天地减少，反而像房价上涨一样直上云霄，让很多人饱尝其苦。

当然，这里所说的是精神上的痛苦。

有人说，人之所以感到痛苦，在于追求着错误的东西；也有的说，认为是别人让自己痛苦，是因为自己的修养不够。

还有人说，欲求不满才是人痛苦的根源。晋升失利，求爱失败，友人的不理解，家人的不支持，事业受挫折……所有的出发点，都是人们的欲求。社会发展越快，科技越进步，人们内心的欲求就越多，烦恼也越来越多；追求和欲望过多，内心就会感觉到很“累”。当人的欲求得不到满足时，就会有痛感。

有一位年轻人寻求“人活着为什么会痛苦”的答案而不得，便去请教一位德行极高的大师：“为什么善良的人还会经常感到痛苦，而那些恶人却活得好好的呢?”

大师慈祥地看着年轻人说：“如果一个人的内心有痛苦，那就说明这个人的内心一定有和这个痛苦相对应的恶存在。如果一个人的内心已经没有任何恶，那么这个人的心灵是根本不会感到痛苦的。所以，根据这个道理，既然你还经常感到痛苦，说明你内心还有恶存在，还不是纯粹的善人。而那些你认为是‘恶人’的人，未必就是真正的恶人。一个人能快乐地活着，至少说明这个人还不是纯粹的恶人。”

年轻人不服气地说：“我怎么会是一个恶人呢？我一向心地很善良的!”

大师说：“内心无恶则无苦，你既然内心有痛苦，说明你的内心就有恶存在。请你将你的痛苦略说一二，我来告诉你，你内心存在着哪些恶!”

年轻人说：“我的痛苦很多！我有时感到自己的工资收入很低，住房也不够宽敞，经常有‘生存危机感’，因此心里常常感到不痛快，并希望尽快能够改变这种现状；社会上一些根本没有什么文化的人，居然也能腰缠万贯，我感到不服气；像我这样一个有文化的知识分子，每月就这么一点收入，实在是太不公平了；我的家人有时不听我的劝告，我感到不舒服……”就这样，年轻人向大师述说了一大堆自己的痛苦。

大师点点头，不停地微笑，而且笑得更加慈祥，他和颜悦色地对年轻人说：“你目前的收入足够可以养活你自己和你的全家，你们全家也有房屋住，根本不会流落街头，只是面积小了一点而已，你完全可以不必要为这些感到痛苦的。可是，因为你内心对金钱和住房有贪求心，所以就有苦。这种贪求心就是恶心，如果你已经将内心的这种贪求的恶心去除了，你就根本不会因为这些而痛苦。”

“社会上一些根本没有文化的人发财了，你感到不服气，这是嫉妒心，嫉妒心也是一种恶心；你认为自己有了文化，就应该有高的收入，这是傲慢心，傲慢心也是恶心；认为有文化就应当有高收入，这是愚痴心，因为有文化根本不是获取财富的必然前因。愚痴心也是一种恶心！”

“你的家人不听你的劝告，你感到不舒服，这是没有包容心。虽然是你的家人，他们却有自己的思想和观点，为什么非要强求他们的思想和观点和你的一致呢？不包容就会心量狭隘，心量狭隘也是一种恶心！”

大师继续微笑着说：“贪求心也好，嫉妒心也好，傲慢心也好，愚痴心也好，心量狭隘也好，这些都是恶心。因为你的内心存在着这些恶，所以你就有和这些恶相对应的痛苦存在。如果你能将内心的这些恶彻底去除，那么你的那些痛苦也会烟消云散。”

“要用快乐和满足的心态看待你的收入和住房！你应当想想你根本不会饿死和冻死，而那些富人虽然很有钱，其实也只是没有饿死和冻死。你应当看到，人是否快乐，不取决于外在的财富，而是取决于自己的生活态度。把握生命的分分秒秒，用乐观、安详和勤勉的生活态度来代替原来的贪求心，你的心就会渐渐快乐起来。”

“社会上没有文化的人发了财，你应当为他们高兴才对，要希望他们能够具有更多的财富、拥有更多的安乐才对。别人得到，要像自己得到一样开心；别人失去，要像自己失去一样难过。这样的人才能称得上是一个善人！”

年轻人终有所悟，拜别大师后，再次发表他的观点：痛苦是生活的一部分，也是生命的一部分，乐是人生的追求，痛是人活着的感觉。生活中，有的人内心浮躁，有的人内心宁静。那些内心浮躁的人，总是很难获得自己想要的生活，无法成就自己的人生。而那些内心宁静的人，无论在怎样的境遇中，都能冷静地看待周围的事物，淡然地面对人生的起伏。他们的人生虽然未必一帆风顺，却总是悠然自得，其实不是世界本身宁静，而是他们的内心始终没有浮躁。

新东方的俞敏洪曾说："有一次我在黄河边上走的时候，灌了一瓶水。大家知道黄河的水特别浑，后来我就把它放在路边。大概有一个小时左右，我非常吃惊地发现，一瓶水的四分之三已经变得非常清澈，而只有四分之一是沉淀下来的泥沙。假如说我们把这瓶水的清水部分比喻成我们的幸福和快乐，而把浑浊的泥沙比喻成我们的痛苦，你就明白了：你摇晃一下，你的生命将充满浑浊，也就是充满痛苦和烦恼的；但是当你把心静下来后，尽管泥沙总的分量一点都没有减少，但是它会沉淀在你的心中。如果你的心比较沉静，那些"泥沙"就再也不会被搅和起来，你生命中的四分之三就一定是幸福和快乐。"

痛，是生活中不可或缺的营养，更多的痛苦是伴同着我们成长的。痛，或锥心刺骨，或悲痛欲绝，或阵痛钝痛，个中甘苦滋味，记忆深刻。有时候，一个人的感悟深度要看他经历了多少磨难。也可以说，感悟是痛苦的结晶。经历过痛苦的人，或多或少都会赋予自己更有价值的生活态度。你无法摆脱恐惧或痛苦，但你可以最大限度地减少它，控制它，甚至是通过一点点的练习来用它创建你所可能拥有的最好生活。心理医生斯图兹和其书籍合著者巴里·米歇尔斯提供了一个帮助人们直面痛苦的解决方案。他们称之为"欲望的逆转（reversal of desire）"。它是一个当你需要对你所一直感到痛苦的事情采取行动的时候所使用的工具。

有时候人不如牦牛，牦牛从来不担心自己没有吃的，人总是担心吃的从哪里来；牦牛吃饱喝够就满足了，人却不会满足，所以痛苦。虽然牦牛的条件不好，很愚蠢、迷惑，但它们比人还快乐，没有压力，也很少跟别人计较和嫉妒。人完全可以快乐地生活，就看你自己怎么去看待生活。

爱因斯坦说过："通向人类真正伟大境界的通道只有一条——苦难的道路。"所以，真正有智慧的人，根本不会畏惧痛苦，反而会将生活中的每一次磨难，都转化成通往解脱的基石。它会让生活的质地变得厚实。

4. 别太相信“成名要趁早”

女作家张爱玲的一句“成名要趁早”很励志，但又让人忧虑和纠结。

初唐大诗人陈子昂年轻时从家乡四川来到都城长安，准备一展鸿鹄之志，然而朝中无人，四处碰壁，怀才不遇，令他忧愤交加。一天，陈子昂在街上闲逛，见一人手捧胡琴，以千金出售，观者中达官贵人不少，然不辨优劣，无人敢买。陈子昂灵机一动，二话不说，买下琴，众人大惊，问他为何肯出如此高价。陈子昂说：“我生平擅长演奏这种乐器，只恨未得焦桐，今见此琴绝佳，千金又何足惜。”众人异口同声道：“愿洗耳恭听雅奏。”陈子昂说：“敬请诸位明日到宣阳里寒舍来。”

次日，陈子昂住所围满了人，陈子昂手捧胡琴，忽地站起，激愤而言：“我虽无二谢之才，但也有屈原、贾谊之志，自蜀入京，携诗文百轴，四处求告，竟无人赏识，此种乐器本低贱乐工所用，吾辈岂能弹之！”说罢，用力一摔，千金之琴顿时粉碎。还未等众人回过神，他已拿出诗文，分赠众人。众人为其举动所惊，再见其诗作工巧，争相传看，一日之内，陈子昂便名满京城。不久，陈子昂中了进士，官至麟台正字，右拾遗。

陈子昂所采用的方法，在经济学上可以被称为事件营销。事件营销在英文里叫作 Event Marketing，国内有人把他直译为事件营销或者活动营销。它是指企业通过策划、组织和利用具有名人效应、新闻价值以及社会影响的人物或事件，引起媒体、社会团体和消费者的兴趣与关注，即吸引公众注意力，以求提高企业或产品的知名度、美誉度，树立良好品牌形象，并最终促成产品或服务的销售目的的手段和方式。

想必陈子昂不懂什么事件营销，但他懂得怎样去赚取“名气”。经济学家高德哈巴认为，如果你能吸引大量的注意力，你就是某种类型的明星。当今的明星一般都能赚大钱，网站也要用明星来吸引注意力。换句话说，现在金钱随着注意力（名气）而来。

芙蓉姐姐，一个在网络上“以不可思议的速度蹿红”的女孩，一个貌不惊人、文不惊人却吸引着大众眼球的女孩，她为何能够成名？在清华、北大的 BBS 上，据说芙蓉姐姐的风头一度比众多明星都强劲。她以别样的文字和独特的自拍照片引起无数学子的关注，并迅速蔓延到网络社区中。甚至传说她创造了一个 5000 人以上同时在线等待她“妩媚”的经典 S 造型。有人怀疑这是一起比照片姿势更高难度的炒作策划；有人怀疑这“芙蓉姐姐”子虚乌有，是一个恶作剧；有人怀疑她是个疯子，急需看心理医生。但不管怎么说，芙蓉姐姐从一个无人注意的女孩一夜之间成了公众人物，并演绎为大众的关注焦点。如果她不懂“注意力经济学”策略，“名气”定然不会垂青于她。

如今，“成名要趁早，奋斗要提速”很流行。袁旭——这个来自四川雅安的青年人，小学三年级开始接触电脑，初中通过网络开始第一次创业，赚到了人生的“第一桶金”。高中毕业以优异的成绩考入北大计算机系，但一年后袁旭选择休学，创建了自己的公司。袁旭 25 岁，在其他同龄人还在四处寻找实习机会的时候，他已经成了四川迅游网络科技有限公司的青年总裁，名扬全国。

再说张爱玲自己也是23岁就出了名，像她这样年纪出名的如丁磊、姚明、韩寒等当代青年也大有人在。为什么要成名呢？因为“名气”可以迅速增加一个人的无形资产，随之而来的实利也与日俱增。

倘若你问一个刚刚告别机械枯燥的高中生活的年轻人，他想要什么？他肯定会告诉你：想要优异的成绩、同学间的声望、漂亮的女朋友，他还想要毕业后找到令人称羡的工作，尽快赚钱、成名、成功。

出名要趁早，没错。但我们都是凡人，我们都在苛求脱颖而出，我们都不愿在自己平凡的生命里再添加平庸，我们渴望别人的关注，我们渴望别人的尊重，我们期待着别人仰慕的眼光。天下熙熙，皆为利来；天下攘攘，皆为利往。古人如此，今人更是如此，我们都很世俗，我们都在追名逐利。快速的时代造就了燥热的心，没有人会在意你在想什么，也没有人会留意你做什么，他们只关注你的成功，而不会有人在意你的奋斗过程。

有的人过分强调着自己的自尊，然而在没有功成名就的光环笼罩下，那份自尊就好似一张薄纸，谁都可以随意戳破。于是，世界上每天都会上演着各种各样的悲剧。

从郭美美的“成名史”中我们能看到什么？“炫富”和“干爹”是郭美美人生中的关键词。她一面高调炫富，一面又暗示或明示着巨额财物暧昧的来源。这个社会里富人并不少，所以富不是本事，会“炫”才是“能力”，这是郭美美一再证明自己“成功”的法则之一。郭美美红了一段时间，但大结局“又黄又暴力”。

成名要趁早的欲望，正腐蚀着一些人的价值观。没有足够的社会资源，拼爹不行，拼钱不行，拼才貌也不行，最后的招数只能是出奇制胜，各类炒作甚嚣尘上，尤其借助网络的高速度，快速成名者如过江之鲫。哪怕是踩红线，触犯国家法律也在所不惜。

俗话说："事到知足心常泰，人到无求品自高。"古人的经典太多，我们不知该信哪一部。或许我们都如林语堂所说的"中国人得意时信儒教，失意时信道教、佛教，而在教义与己相背时，中国人会说'人定胜天'。中国人的信仰危机在于，经常改变信仰。"真若如此，那张爱玲的"出名要趁早"也只不过是得意时的一家之言罢了，真不值得我们为此纠结。

5. 太装，会累死人

这个世界，有的人活得累，全是因为“装”。你看，有装高雅的，有装正经的，有装孙子的，有装相的，有装蒜的……人总是自己为难自己，遇事硬充“好汉”。“快”时代让我们跟着感觉走，让社会充斥夸张、包装和浮躁。

“装”是装给别人看，跟自己过不去。综艺天后谢娜是一个非常好强的姑娘，但她却用自己的切身经历告诫我们：人别太难为自己。

谢娜初到北京时，她坚定地想当一名演员，那会儿她的偶像是巩俐和宋丹丹，她经常会模仿她们表演的段子。看过巩俐的戏《秋菊打官司》后，在学校表演给同学看，尽管她很认真，但并没有博得喝彩声。她还把宋丹丹的一段小品对白拿来练口：俺叫况洗妹，年龄 24 岁，家庭住址不大好说，说安徽算安徽，说河南算河南，在河南南在安徽北，但总的来说还算安徽。练了若干次后，她终于有机会在丹姐家聚会时表演，结果被丹姐好一顿嘲笑。她下决心，一定在表演方面加力发展，到北京考一个专门学表演的学校学习，为日后拿影后打下坚实的基础。可惜得很，她没考上。

但是，她不服气，逢人就介绍说她是中戏（四川中江马戏团，简称时会被误认为是中国戏剧学院）的或是介绍说是北电（四川北方电工机械厂，而非北京电影学院）的，算是给自己一些激励。她想继续考，这是她的目标。

可几经失败后她放弃了，最大的原因是，那会儿她家里经济条件困难得根本不可能承担得起，北京的学费和生活费。虽然她爸爸帅气地跟她说过，很多像电视剧里面又有爱又感动又悲情的台词："如果女儿考上了，我卖血也要供她上学。"可实际情况是，她爸妈一个月工资加起来才1000多元，即使考上了她中途也会因为学费问题退学。值得庆幸的是，她又没考上（她爸可没有那么多血卖）。她觉得上天这次的安排一定是提醒她，不要让辛苦的爸妈再为钱的事发愁，让当时困难的家境雪上加霜。这是她对自己失败的自我安慰。

既然这样，那就放弃吧，不再继续考下去了，学表演不一定非得到北京的几个大学院学习啊，聪明的她会自学成才。想到这点她就真的很开心，打电话给爸妈，告诉他们没考上的口气都是像中奖了一样。

假设一下，她当时为了自己的梦想坚持继续考学，也许继续失败，也许考上了。如果考上了看似是一件大好事，可是北京求学的几年一定会是之后她和她爱的爸妈都不愿去回首的艰苦日子。人不能自己为难自己，她很庆幸没有考上，也很庆幸她接下来对考学的放弃。后来，她在湖南卫视的《快乐大本营》找到了自己的位置和快乐，并成为综艺天后。

她认为，自己为难自己分两种：

一种是做不到，自己非要去做，哪怕到了黄河，扑通一声跳下去淹死，连个泡儿都没有，或者撞南墙撞得头破血流也要继续。另一种是能做到，可却一直告诉自己，这么苦，这么难，真的做不到。于是你放弃，再于是，命运就偷笑着放弃了你！

哲人说，人生是跋涉，是穿行，或难或易，或远或近，都得走。

生活是琐碎，是忙碌，或喜或忧，或苦或甜，都要过。别为难自己，别总是跟自己过不去；用心做自己该做的事，不要过于计较别人的评价，每个人都需要有自己的活法，认认真真地做自己就行。

不过，身在红尘俗世要做自己很难，特别是改变自己的思维方式非常困难。有很多人认定了一个死理，即使“撞南墙”也不回头，这实在是太难为自己了。那么，我们怎样转换思维方式呢?

在《古兰经》里有这样一则故事也许能给我们一些启示：

有位大师几十年来练就一身移山大法。一天，众徒弟远望高山集体发难：“从师多年，勤勤恳恳。师傅为何不教我们移山大法啊?”大师说：“好吧，今天为师就教你们移山大法。”话音刚落，众徒雀跃。大师说：“仰望高山，闭目凝神，疾步奔走。谨听吾令。”众徒依法行事。少许，大师道：“好了，请徒儿们睁眼细看。”山并没有过来，众人大惑不解。大师微微一笑道：“事实上，这世上根本就没有什么移山大法，唯一能够移动山的方法就是：山不过来，我就过去。”

现实生活中有太多的事情就像大山一样，是我们无法改变的，或至少是暂时无法改变的。“移山大法”告诫人们：如果事情无法改变，我们就改变自己。像谢娜这样的一些成功人士恐怕都练就了这个“移山大法”。

6. 掉进陷阱里，想清楚了再挣扎

人要想活得从容，需要两个条件，一个是活出自己的价值，一个是能够获得安全感（起码有衣食无忧的保障）。为此，人们总是行色匆匆，追逐功利。一些青年人的选择正是整个时代急功近利的写照，先成功后成长，先找工作再找兴趣，先出人头地再寻找自我，最终掉进了成功的陷阱。

走什么样的路，难道不是循着内心的声音一步步摸索、试错出来的吗？走岔了，就退回来；走得急，就缓一些。时不时要停下来想一想，望一望，琢磨琢磨，再继续走。

王晓是某集团下属分公司的一名普通销售员。

“小王啊，你这个月的业绩怎么还是那样，这样下去可不行。这个月的奖金甭想了，你给我好好地反省反省，怎么一点进取心都没有。”上司拉着个脸说道。

“哦”，王晓答应了一声，走出了上司的办公室。

这个月的奖金又没了，回家该怎么说，王晓拉着个苦瓜脸。

“王晓，你回来了啦，快坐下，今天我给你烧了最喜欢的鱼。”老婆眯眼笑着说道。

王晓不语，默默地坐下吃饭。

“王晓，听说你们今天公司发奖金，拿到多少？”

“嗯！这个，这个月业绩不好，奖金取消了，工资被扣了。”王晓低下了头。

“什么？”老婆放下筷子，脸色顿时由晴转阴，“我怎么嫁了你这个窝囊废，真是命不好，你看看人家小李多有出息，和你差不多时间工作，才27岁就升了经理了，人家老婆日子过得真是有滋有味。你能不能给我有点上进心，不要再碌碌无为了！”

面对媳妇的埋怨和指责，王晓饭没吃完就走出了家门，来到一棵大树底下喝闷酒。

“兄弟怎么不开心，和老婆吵架了吧！”王晓的一个哥们走了过来说道。

王晓打量了一下哥们，什么也没说，又低下头喝自己的闷酒。

“兄弟有什么事和我说说，兴许我能帮助你呢。”

王晓借着酒劲把不顺心的事全都说了出来。

“原来是这样啊，这好办，我这几年炒股，赚了不少，你也可以投资股票啊。”哥们笑呵呵地说。

王晓一听直犯嘀咕，这年头骗子多，还是小心点好。

“兄弟你别不信我，我是不会骗你的，你先投资3000元我帮你炒股，赚了算你的，亏了算我的。难不成你想让你老婆和上司一辈子看不起。”

王晓狠了狠心，从包里抽出工资3000元交给那个哥们。

一星期后王晓来到那棵树下，哥们早已等在那儿，他拿出500元给王晓。

“原来炒股赚钱这么快。”王晓心想。

于是他又取了3000元给那个哥们，后来又赚了1000元。

王晓尝到了甜头，为了不再平庸，他把这几年的积蓄全都交给那个哥们。结果那个哥们就再也没出现。

王晓感觉被骗，又怕老婆知道，走到湖边，想到自杀。

“救命啊！救命啊！”有人落水了。

王晓一听，便扑通一声跳入水中，将落水的少年救了起来。

那少年的父亲正是王晓公司上属集团的老总。

“谢谢你救了我的儿子，你真是个英雄。”

“我不是什么英雄，既贫穷又平庸，只是做了应该做的。”王晓谦虚道。

“你见义勇为，见危施救，绝对是一个不平庸的人，以后有啥困难或有啥想法尽管来找我。”

王晓想了想，向他敞开了心怀……

集团老总告诫他：“掉进陷阱里，想清楚了再挣扎。财富创造是一种不断积累的进程，急不得。”

事后，小王还是在原来的分公司上班，继续做那些琐碎的事情，只是他的心里比原来踏实了。不久，他的业绩直线上升，上司对他刮目相看，老婆跟他倍加恩爱。

有些人不愿意向别人诉苦，宁愿“打落门牙肚里吞”，强忍“活得累”的苦恼，这只会使事情变得更糟。我们的身边更多的声音是“更高、更快、更强”的进步论腔调，急功近利，马上成功，让我们手忙脚乱，压力倍增。这些年还有一个口号，叫“将压力看成动力”，虽然很励志，但却是鼓动我们透支身体，累坏了自己，搞不好真得不偿失。还有一句话叫“付出终有回报”，把我们引入了另一个误区：计较回报。如果付出了没有得到回报，就会感到特别失望和沮丧。现实生活告诉我们：压力既可转化成你前进的动力，也可成为压垮你的最后一根稻草；付出与回报也是无法对等的，甚至与你想要的结果正好相反。无论从数学的角度还是从人生实践的角度，压力与动力、得到与付出并不一定遵循对称的原理。

那么，怎么才不累着自己，又不让自己被“快”时代抛弃呢？答案是：换一种思维考虑问题。

现实生活中，更多的人关注的是你有多少钱，有多少套房子，在哪里上班，有什么职位，有多深的社会背景。因为，从世俗的角度衡量，这才是有用的东西。你若跟别人说，你每天看过多少次蚂蚁奔走，赏过多少次晚霞流逸，听过多少声鸟叫，闻过几次花香，你的内心有多安宁，你的灵魂有多快乐，大家认为，你不过是无聊罢了。因为，在他们看来，这些都是无用的东西。

这个世界的价值体系已经乱了，但，你最好不要乱。多舍弃一点世俗的东西，或者说只要是人们拼命争抢的东西，你就多舍弃一些，譬如，挣大钱，谋重权，赢盛名等等，然后腾出时间，做一些人们不屑一顾的事情。这样做，你就是最好地疼惜了自己。

7. 太在意收获会活得更累

很多时候，我们都在抱怨为什么付出了这么多，却总是没有等到应得的收获。现代社会，生活节奏是如此之快，生活压力是如此之大，我们不得不为了能够生存、为了生活得更好而不断努力，可是，生活的境遇很多时候不一定就会随着你的努力和付出而发生改变。

我们常常感到活得很累，是因为我们有意无意中把人生理解为付出和收获，在竞争时代和商品社会，这种情况更甚。我们一直奔走在追求功劳与收获的征途中，却忘记了人生本来的快乐。我们总是太专注于那个最终结果，而忽略了享受过程本身。人的一生中本可不断出现的快乐就被我们删减为达成目标时的瞬间快乐。一旦较长时间里没有我们希望的结果出现，就会感到特别疲惫。人生追求的目标无止境，疲惫、痛苦便无止境。我们无法预知哪一次收获是最后一次收获，所以会一生都在不停地耕种，疲惫地走在追寻收获的途中。人有一种天生的惰性，总想着吃最少的苦，走最短的弯路，获得最大的收益。而对收获的期望值越高，实现起来越难，在不能实现时也就越焦躁，痛苦也就越多；痛苦越多，当不堪重负、心力交瘁时，就有可能在怅惘、愤懑和失落中沉沦下去。即使没有沉沦，也会抱怨：我付出太多，收获太少。

一位企业家因为经营不善而欠下一大笔债务，由于无力偿还不得不宣告破产，从千万富翁转眼变成了一无所有的穷光蛋。他的精神几乎崩溃，觉得自己再也没有活下去的希望了。

于是，他决定在生命的最后一些日子里回家乡看看，再为父母的坟添一把土。下了车还要走不少山路，经过老乡的一片西瓜地，他停了下来。守着瓜田的老人很热情，挑了一个大个儿的西瓜让他品尝。

看着满地枝叶掩映下的滚圆的大西瓜，企业家想想自己是辛劳一场，却未能看到美满的收获，还落到如此境地，难免感慨。他说："看样子今年的收成不错吧？"老人说："嗯，今年托老天爷的福，还不错。"

"哦，难道往年不好吗？"

老人见他似有心事，便细心地说，自己大半生都与瓜秧相伴，流了不少汗水，也流过许多泪水。有一年，瓜苗刚出土，便遭遇旱灾，为了让瓜苗活下来，他坚持每天挑水浇灌。不过，大部分的瓜苗还是旱死了。又有一年，金黄花朵开得正当茂盛，一场洪水却让一切都泡了汤。还有一年，眼看就到了收获的季节，一场冰雹又无情地打碎了一切……像这样的事情都是家常便饭了。

说这些的时候，老人似乎并没有什么哀怨，反而乐观地说："人和老天爷打交道，少不了要吃些苦头或受点气，但是，今年的年景不好，并不代表明年的不会好，只要你接着种，总有一年会大丰收。"

企业家看着满地的碧绿，忽然醒悟过来。的确，有时候你的努力并不一定会有收获，年景哪里会年年都如愿呢？他又回到城里，重新开办了一家公司。几年后，公司又初见规模。

俗话说，天道酬勤、一分耕耘一分收获。在我们的传统认识中，付出就必然有收获。但还有很多人不知道收获是一种体味。生活是甘甜还是苦涩，是精细还是粗糙，是丰厚还是干瘪，是美好还是艰辛，是艰难付出后的收获，还是精心播种后的无奈，全在于一个人对过程的体味。

巴西著名哲理作家保罗·柯艾略在他的《少女布莱达灵修之旅》一书中写道：对人生，有两种不同的态度——建造或者耕耘。建造者实现目标可能要花费多年，但终有一天会完工。那时他们会发现自己被困在亲手筑成的围墙里，在收获的同时，生活失去了意义。耕耘者则需要经受暴风雨的洗礼，应对季节的变换，几乎从不歇息，他们允许人生充满不考虑未来、不考虑收获的冒险。

由此看来，我们要转换思维，从自己筑成的围墙中解脱出来，做一个不太看重收获的耕耘者。

8. 告别越忙越穷的日子

“穷忙”可以说是一种中国式的生存方式。有人说：“城市中人有两个籍贯，一个来自血缘，一个来自生活”。都市流客匆匆的背影汇集成一股股急涌的潮流，拥塞在繁华 CBD 的条条马路中间，如同海洋里巨大的沙丁鱼群聚集在食物丰富区域疯狂地觅食。这些人就是“快”时代的“穷忙族”。

“穷忙族”本指薪水低、整日奔波，却无法摆脱贫穷的人。现在也指在连续消费后，继续投入忙碌的工作，重返“穷忙”的人。他们每天疲于奔命，要做的事情永远没有尽头，甚至没有休息日，天天加班，整天忙得顾头不顾脚，到头来所得的收入却寥寥无几，连起码的生活需求都成了压力；或是收入虽高，但除去必需的高消费后，所剩无几。

大学毕业不久的程军在某化妆品公司做销售，作为一个刚踏入职场的新人，他工作格外卖力，天天忙得晕头转向，可薪水仍只能够维持基本生活所需，深感入不敷出。为了走出这种“窘境”，他只有不停地跑业务希望能提高业绩，但境况并没能得到改善。推销这个行业的基本工资不多，靠的就是业绩。他给自己制定了一个“三五”计划，即每天至少打 50 个电话，发 50 份邮件，见 5 个客户。

要想拿到较多的薪水，就必须与客户搞好关系，所以，饭局、唱歌、打牌等公关活动自然是不可避免的，这一切费用都要从自己上个月的工资中出，高档饭店吃一次差不多就能吃掉他月工资的一半，为了能给人留下好印象，着装自然也不能太寒酸……程军常常为此入不敷出，时常还不到月中就已经见裤袋。但为了赢得客户，尽快走出低薪阶层，他不得不拼命穷忙。忙着处理大量业务来提高自己的业绩，每天回到家时已是午夜时分，周末几个同学蹬车去郊外爬山、看景也成了难得的享受。

为了养家糊口“穷忙”，没有时间娱乐。越穷越忙，变成恶性循环，越忙越穷。因为疲于奔命的忙碌使我们损失了生活的热情，只是看着很忙碌，但是做事没效率，事倍功半，职场难有建树，财富也未见增多。

不仅这些上班族身上透着忙碌的气息，就是整个社会也都在迎合人们的紧张心理而浸透在一片忙碌之中。生日那天，李大爷一早就赶往菜市场，邻居张妈问他怎么没有晨练，他只说了一句“没时间”就下楼了。买菜回来，忙了一上午准备了一桌子菜，打算和很久没见面的儿女们好好团聚一下。结果等来的却是一个个电话。“爸，我单位下午要开会，晚上有个重要的应酬，没时间回去陪您了。”“爸，您先吃吧，我公司这边走不开。”“爷爷，我下周一定过去看您，但是今天实在太忙了。”李大爷对着一桌子饭菜安慰自己：“都忙，忙，忙点好啊……”

真的忙就好吗？未必。

利华是搞平面设计的，过去在公司打工一直工作很出色，薪水也最高。可是，他觉得，靠薪水过上小康生活太慢了，异想天开地认为，凭自己的才干肯定能开辟更为宽广的天地。所以没过多久，利华就从公司跳槽出来另立门户，注册了一家属于自己的广告公司。

他全身心地投入到自己公司的运营之中，白天忙业务，晚上请客户，来去匆匆，很难再见他轻松自如地一展笑脸了。

做设计是利华的强项，得心应手，但做起管理他却有些力不从心。公司开了两年了，他的个人生活条件不但没有什么改变，反而不如从前。利华自己总结这段日子，说忙得连细细品味一杯咖啡的时间都没有。钱也挣了一点，可花在自己和家人身上的没有几个。公司要运转，员工要工资，客户朋友要应酬，整天忙得焦头烂额。不但花空了以前的积蓄，还多了几笔银行的欠款，只能拆东墙补西墙。与朋友在街上见了面，朋友想跟他多聊几句，他却急着要走，问他有那么忙吗？他苦笑一下说“穷忙”，就匆匆走了。

苦劳只是一个过程，而非结果。付出不一定就有回报。忙的结果是，不在乎你措手不及的失望，而在乎你胸有成竹的渴望；不在乎你手忙脚乱的尖叫，而在乎你井然有序的行动。很多朋友都会有此疑惑：为何自己忙忙碌碌却无所作为？工作很勤奋，每天都加班到很晚，做了很多实事，为何自己工资还是那么低，还是赚不到钱，还是没办法升职加薪呢？

如果你已经身心疲惫，但仍然一无所获，那么，你可能不是不努力工作，而是没有掌握提高工作效率的方法。在不，就是你工作的动机与目标不正确。

孙强由于家境贫寒，几年大学下来欠了一大笔学费。毕业后，他一心想赶快挣钱好还学校为他垫的学费，所以一出校门就急切地寻找工作。他先是在一家大型乳制品公司做了一名业务员，每天东奔西跑忙得不亦乐乎。业绩做得不错，薪水自然不菲，公司的领导也颇看重他。只要他再好好干一段时间，表现再突出一点，就有可能被提拔。

然而，经过一年多的社会历练，孙强觉得自己应该寻找更大更广阔的空间，而且他认为自己手里有一批铁杆客户，这是优势和资源。为了自己的发展，也为了能赚取更多的钱，他向原公司递交了辞呈，跳槽到一家竞争对手的公司做主管。新公司给了孙强更大的施展空间，他干得更卖力，整天夹个皮包到处跑，约见客户。他本以为以前的客户会一如既往地支持他，没想到那些被他视为铁杆的客户却并不接纳这家新公司。几个月下来，不仅他的销售业绩平淡无奇，而且随着他社交范围越来越广泛，交际花销越来越大，以致入不敷出。有时候，他也后悔当初盲目跳槽，弄得自己越忙越穷，而且有一种“终点又回到了起点”的感觉。

一个人如果不能踏踏实实地工作，不能一点一滴地积累财富，就只能让成功之路越来越漫长。

在我们这样一个高速发展的国家里，人多就业压力大，竞争异常激烈，有很多人只有很少的机会；我们有劳动能力，却无时无刻不害怕失业；我们身体健康，却总担心生病。在劳动和社会保障体系尚未健全的时代，我们都会或多或少地感受到生存的焦虑和不安感，似乎“忙”是我们唯一的救赎。忙，左边“心”，右边“亡”，在疲于奔命时，我们的心也陷入盲区。忙碌的生活令每个人无处可逃，可是，忙碌之中，是不是要给自己留点时间思考或感悟呢？

9. 有了喝咖啡的时间，你的世界将改变

阿季最好的朋友一连打了三个电话催他见面，说有急事相求。阿季特意在地铁站旁边找了一家星巴克咖啡馆，在那里等他的朋友。

“拿两杯咖啡来。”阿季对服务员说。

阿季在咖啡厅，和他的老朋友聊起天来，因为咖啡厅比较安静。老朋友说：“原以为炒股圈钱快，把计划拓展公司新业务的150万拿去炒，没想到几个月就亏得只剩下几万元了。我没有时间陪你喝咖啡，只要你帮我借点钱，我去翻本。”

阿季慢慢地喝着咖啡，吐出一口热气，对老朋友说：“朋友啊，你炒股亏了不要怕，人总是会失败的，要不然，怎么会成功呢？亏了就亏了，你慢慢来，重新把公司撑起来。”

朋友气愤地说：“怎么撑起来？我亏本了，只有一点点资金了，马上倾家荡产了！”

阿季慢悠悠地说：“你别这么冲动嘛！平静点。做事不要这么急躁，要平和。只有学会冷静，才能想到好办法。还是坐下来，品尝一下咖啡吧！”

朋友说：“兄弟，好歹我们做了这么多年朋友，快借给我点钱吧，我一定要再去搏一搏？”

阿季依然平和地说：“兄弟，七八十万我有，但我不能借给你，因为我不知道借钱给你的意义何在。你要靠自己，人们都这样说。与我比，你有很多优势条件。我的钱是我一分一角攒下来的，在机关单位上班，对待同事时时刻刻都要警惕，提防一不小心被别人占了位子；对待上级一定要像哈巴狗一样服从，不能有自己的想法。好在忙完一天后，我可以坐在这里自由自在地喝咖啡。没有什么人再给我下命令，让我应该做什么和怎样做。只有在这个时候，我才能感觉到自己是一个有思想的活人。而你这个个体户，自己就是老板，想做什么就做什么，心里想什么就可以说什么，不仅不用像我那么小心翼翼，也不像打工族那么辛苦、劳累，没有压迫感。你应该为自己感到幸福啊！一点点失败，一点点挫折有什么值得叫苦的？处事待物也要像我一样平和，不要那么冲动。冲动是魔鬼，只有慢慢来，才行啊！慢慢地来，就能吸取过去的教训；慢慢地来，你才能一点点地积累；慢慢地来，你才能有思路。我保证，不久你就会发现成功离你并不太遥远！”

朋友似乎被阿季说傻了，耐着性子坐下来，开始慢慢品尝咖啡。一小时后，朋友起身帮阿季结了账。临走前还说：“谢谢你，兄弟，我不会忘记和你的这次见面。现在，我会按自己新的想法去做的！”

三年后，一个新企业诞生了，公司经营十分成功，业绩稳步增长。据说老总是个冷静而又平和的人。在星巴克咖啡馆，经常可以见到一个40岁左右的中年人在贵宾厅慢悠悠地喝着咖啡。

我们身边总有一些每天都忙得焦头烂额的人，他们不知道为什么忙，为谁忙，只是被时代的潮流挟裹着，身不由己地跟着别人走，一旦遭遇挫折，就心跳加快，不知所措。

老子在《道德经》里说：“治大国，若烹小鲜。”本意是说，小鲜是很鲜嫩的，如果老是翻过来、翻过去，就会弄碎了；因此治理大国也不能来回折腾。引申为凡事要把握尺度，过犹不及；不疾不徐，既不能操之过急，也不能松弛懈怠，只有恰到好处，才能把事情办好。人生亦是如此。追求的太多太大会身心疲惫，追逐财富的欲望越强烈，就会使人越急躁。

俗话说："欲速则不达，见小利则大事不成。"忘记凡事适度的原则就会急功近利，不计长远，最终会得不偿失。在竞争激烈的经济社会中，需要讲究策略和智慧。无论你是什么人，从事什么行业的工作，都要有充足的时间去思考、去领悟、去探索。

小敏在职场做过很多工作，从图书公司编辑到外企秘书，而她的梦想是进入广告界。毕业两年后，她终于如愿进了一家著名的广告公司，从创意助理做起，不到两年，她成了创意部门的主力。可她渐渐发现，这个曾经梦想的工作却在每天高强度的脑力劳动中，把曾经的激情一点点磨灭掉了。

"那段日子里我很长时间都睡不好觉。"小敏说。每天早上八点出门，拎着沉重的笔记本电脑到公司，上午和同事讨论广告的思路，下午打电话与客户约时间，讨论整理出来的想法，通常没有七八次反复是不可能让对方满意的。"睡觉的时间里也有一半在做和工作有关的梦。"仅仅半年，她几乎断掉了工作之外的所有朋友的联系，大学同学的聚会也因为她每次的推脱再也没人给她打电话。她形容自己"我那时候把每个项目的最后期限用红笔在日历上标出来，每天看着那个红圈就焦虑得不行。工作节奏实在太快，甚至到了晚上连中午吃了什么都忘记了。"

小敏不得不对工作重新做出选择。当一切都沉淀下来后，她开了一家自己的投资公司，与六个不同专业的金融团队合作，还出了三本理财书。她的视野与价值观都在提升，不再局限于过去的客户，而是帮助真正需要的人；同时她自己也学习更多的理财专业，例如税务、保险与会计。她积极参与社团活动，通过办活动增广见闻、活络人际关系。小敏的体会是，“其实，慢生活的秘密都埋藏在每个人的心底，只要通过一些转换心情的小仪式，像是多走路、深呼吸、泡个热水澡，那道安静的光线就会从忙乱生活的缝隙中渗透进来。”

潮涨潮落，月盈后亏，自然界的一切自有其定律，故世间万物也就要讲求转换与平衡，这就需要不断地在生活中反思探索。找到了方向，还要掌握节奏，不激进、不拘泥，才能事半功倍，最终改变你的世界。

10. 快的乐趣与慢的哲理

在充满矛盾的世界里，“快时代、慢生活”是一个人生哲学命题。在一般人看来，快总比慢好。如快马加鞭、大干快上，充满着激情和褒义；而慢则表现为慢条斯理、慢悠悠、慢腾腾，似乎是落后的象征。

在汉语的词汇里“快乐”、“快活”、“快感”、“快事”、“快慰”、“快意”、“痛快”、“畅快”是一对对奇妙的词语组合，速度不但是人的情感、心理和精神状态的表达，而且是一种积极、明朗的人生境界和价值观。确实，不仅是在中国文化中，从人类文明的历程来看，到今天为止，文明的进程就是不断追求速度、不断提升速度的过程。

可是，如果只是一味地求“快”，不仅不能达到预期的目标，反而让我们错失很多美好的事物。正如有人苦于家庭经济窘困，每日每夜不停拼命赚钱，没时间回家陪父母、妻儿，等到失去后才后悔莫及；有的人多年苦奔，最终跻身于“房奴”、“卡奴”之列；还有的人过上不愁不忧的生活后却又因过劳身患绝症，到头来还是后悔最初那般拼命的忙碌。

而慢呢，大概就是：缓慢、慵懒、慢吞吞、漫不经心、行动迟缓之类和一步三回首、“寻寻觅觅，冷冷清清，凄凄惨惨戚戚”的那种凄凉境界吧，似乎没有更好的词语来形容“慢”了。

“快”与“慢”是矛盾的，两者相克又相生。有多少种“快”，就会对应着多少种“慢”。自古英雄出少年，说的是快；大器晚成，说的是慢。但我们不能说少年英雄好，大器晚成不好。哲学家说：“整天忙于生活，什么时候思考？”美学家说：“慢慢走，欣赏。”或许，经历了“快”的洗礼，我们对于“慢”应有新的认识。合理的“慢”，不是速度上的缺失，而恰是对“过快”的反思与矫正，更是在寻求“又好又快”的现实可能。

哈佛商学院的案例教学课上，一位教授曾提出 3 个公司的管理状况，然后叫学员评估其前途。

A 公司：8 点钟上班，迟到或早退一分钟扣 50 元；统一制服，必须佩戴胸卡；每年有组织搞 1 次旅游、2 次聚会、3 次联欢、4 次体育比赛，每个员工每年要提出 4 项合理化建议。

B 公司：9 点钟上班，但不考勤；每人一个办公室，可以根据个人的爱好布置；在走廊的白墙上信手涂鸦不会有人制止；饮料和水果全开放式免费供应；上班时可以去理发、游泳。

C 公司：想什么时候来就来；没有专门的制服，爱穿什么就穿什么；把家里的狗和孩子带上班也行；上班时去度假也不扣工资。

90% 的学员认为 A 公司前景最好。这时候，教授公布了 3 家公司的真实身份：A 公司是金正，于 1997 年成立，因管理不善已倒闭；B 公司是微软；C 公司则是近年增长最快的 Google。

理智的“慢”，并不消极，而是另一种进取的方式。

世界上许多事物，不是越快越好。越南有一种野生的水稻，不用施肥浇水，一年四季都在疯涨，产量也非常高。当地人发现，像许多物种一样，这种疯涨的水稻不能食用，体内囤积了大量的有毒物质，成为没有任何价值的废物。不过科学家发现，只要控制住它的生长速度，让它生长缓慢些，一切问题便可迎刃而解，毒素被自身排除，野稻米才能成为金米粒。

生活中，我们在享受“快畅”的同时，不知不觉错失了很多美好的事物。快餐中，我们享受着味蕾的新鲜刺激，却也失去了与亲人共同进餐的温暖；娱乐中，我们消遣一天的疲惫，却也失去了心灵真正自由放松的机会；碎片化的阅读中，我们迅速捕捉大量的信息，却也失去了真正阅读的一种闲适和精神陶冶。

球场上有句话：“谁控制了比赛的节奏，谁就控制了整场比赛。”而节奏的控制关键就在速度的把握，该快则快，该慢则慢，慢也有慢的好处。

慢工可以养艺。“慢工出细活”，精雕细琢就是要靠慢工。据说远古时期，有个叫杜康的人，选用秋熟饱满的黑糯米，高山上冰雪初融留下来的碧水，而后注入僻静之地的千年紫砂土制成的陶罐，用初夏第一片得见朝阳的荷叶覆盖在罐上，密封七七四十九天，慢慢发酵。直到鸡叫的酉时，启封出来的酒才算是真正的清香扑鼻的杜康酒。这样的酒，慢慢倒出一小杯，轻轻用嘴一抿，清醇甘甜，绵甜可口，让人回味无穷，品味到了慢的意境，慢的优雅。

慢活可以养寿。“慢生活家”卡尔·霍诺指出，“慢生活”不是磨蹭，更不是懒惰，而是让速度的指标“撤退”，让生活变得细致。“龟兔赛跑”的故事谁都听过，但未必能搞清楚为什么会有那样的结果。兔子整天都在跑呀跳呀蹦呀，它的运动量不小吧，可它是个短命鬼！而那只乌龟，整天待在那儿一动不动，即使动，也是慢慢地爬，一步三停，左顾右盼，一有风吹草动，吱溜——头就缩进壳里去了，可它长寿！

现代人工作忙碌，生活节奏快，由于紧张和压力造成许多现代文明病。我们应该把生活步调放慢一些，吃饭不要狼吞虎咽，开车不要超速，讲话不要像机关枪，不要有太多的赶场，不要完全为别人而忙，有时也要为自己而活。倘若你懂得如何料理生活中的各类事物，就会懂得如何享受其中的乐趣。

那些生活中的牧马人，以其急不可待的性情，驱使生活奋蹄疾驰。他们一日之中想吞食一生也难以汲取的养料。他们以为成功在望，试图将未来的岁月一并吞掉。由于他们凡事急促，结果往往是欲速不达。即便对知识的渴求，也应适度，才不至于囫囵吞枣，一知半解。人生一世，好运一时。行动宜速，享受宜缓。当生命即将终结时，你才体会到：业绩可贵，享乐如幻。

维特根斯坦说过："在哲学中，竞赛的获胜者是能够跑得最慢的人。或者，最后一个到达的人。"请停下你匆匆的脚步，思考一下人生的真谛，听一听鸟儿的呢喃，闻一闻夏荷的馨香，看一看草尖上的露珠，尽情领略生活的美好，成为生活的主人和美的发现者、欣赏者。

第二章　乐活人生，心态决定你的世界

心态——我们内在世界的和谐，映射到外在世界，会表现出良好的人际关系，舒适的生存环境和最佳的精神状态。这是所有伟大、健康、力量、胜利与成就的前提和必要条件。我们一旦掌握了这个内在世界，一切力量、成就与财富的规律亦在我们的掌控之中了。

1. 烦恼都是自找的

有一个小测试：当你在路上不小心和人碰了一下，你转过头直接反应是生气地说“干吗”，还是面带微笑地回过头说“抱歉”？

这是检验一个人心态的简易办法。生活中，遇到同一件事情，不同的人、不同的环境下会有不同的态度。乐观的人只顾微笑，而忘了抱怨。下面的两个故事都是我们生活中常见的。

老张辛苦了一年，年终奖拿了1万元，左右一打听，办公室其他人年终奖却只有1千。老张按捺不住心中的狂喜，偷偷用手机打电话给老婆：“亲爱的，晚上别做饭了，年终奖发下来了，晚上咱们去你一直惦记着的那家西餐厅，好好庆祝一下！”

老张辛苦了一年，年终奖拿了1万元，左右一打听，办公室其他人年终奖都拿了2万。老张一听，肺都要气炸了，立马冲到经理室，理论了半天，无果。老张强忍着怒气，在办公室憋了一整天。回到家，一声不吭地生闷气，瞥见儿子在玩电脑，突然大发雷霆：“你个没出息的东西，马上要考试了，还不赶紧去看书，再让我看到你玩电脑，老子打烂你的屁股！”

同样数目的年终奖，在不同的环境下却给人造成了截然不同的感受。因为很多人的快乐，在很多时候，并不在于自己有多好，而在于比别人好多少。很多的人痛苦，在很多时候，并不在于自己有多不幸，而在于比别人更加不幸。这种无谓的快乐和不幸，不仅浪费了自己的精力与感情，也使自己变得卑微与渺小。

另一个故事说，有几位同学去拜访大学时的老师。老师问他们生活得怎么样。一句话竟勾出了大家的满腹牢骚，大家纷纷诉说着生活的不如意：工作压力大呀，生活烦恼多呀，做生意的商战不顺呀，当官的仕途受阻呀……一时间，大家仿佛都成了上帝的弃儿，是世界上最不幸的人。

老师听后笑而不语，从房间里拿出许许多多的杯子，摆在茶几上。这些杯子各式各样，有陶瓷的，有玻璃的，还有塑料的；有的杯子看起来高贵典雅，有的杯子看起来简陋低廉……老师对他们说："都是我的学生，我就不把你们当客人看待了。这些杯子是多年积攒下来的，你们要是渴了，自己拿个杯子倒水喝吧。"

学生们说得已经口干舌燥了，便纷纷拿了自己中意的杯子倒水喝。等他们手里都端了一杯水时，老师指着茶几上剩下的杯子说："同学们有没有发现，你们挑选去的杯子都是比较别致的杯子，而像这些塑料杯就没有人选中它。"学生们并不觉得奇怪，谁都希望手里拿着的是一只好看的杯子。

老师又接着说道："这就是你们烦恼的根源。大家需要的是水，而不是杯子，但我们有意无意地会去选用好的杯子。这就如我们的生活——如果生活是水的话，那么，工作、金钱、地位这些东西就是杯子，它们只是我们用来盛起生活之水的工具。杯子的好坏，并不能影响水的质量，如果将心思花在杯子上，那么怎会有心情去品尝水的苦甜，这不是自寻烦恼吗？"

每个人都有七情六欲和喜怒哀乐，烦恼也是人之常情，是人人避免不了的。每个人都曾有过烦恼或正在经历烦恼，但是，不管是感情上，还是工作上；不管是主观事件，还是客观事件，很多烦恼都源自自身。正如那句“世上本无事，庸人自扰之”。

由于每个人对待烦恼的态度不同，所以烦恼对人的影响也不同。如果自怨自艾，烦恼不已，问题依旧存在，不会因为你报怨而消逝。当我们沉溺于此种情境的时候，反而会更加痛苦，更加难受，陷得越来越深。如果我们把这些烦恼当成人生的一种历练，一个过客，那么我们就会轻松很多，会舒坦很多，甚至还可能解决它。

美国研究应激反应的专家理查德·卡乐森说：“我们的恼怒有80%是自己造成的。”他把防止激动的方法归结为这样的话：“请冷静下来！要承认生活是不公平的。任何人不是完美的，任何事情都是不会按意愿进行的。”解决烦恼的根本途径是以平常心对待生活中的人和事，如果你凡事都乐观地去看待便会有意想不到的生活体验。

2. 不要因为没有“鞋子”而哭泣

一个女孩因为没有鞋子而哭泣，直到她看见了一个没有脚的人。

这一句话就能讲完的故事，却蕴含回味无穷的哲理。许多人常常把自己看作是最不幸的、活得最苦的人，实际上不管你有多么不如意，世上永远都有比你更不如意的人。大小苦难都是生活所必须经历的，苦难再大也不能丧失生活的信心和勇气。

不要总提醒自己遇到的不幸，要知道在这个世界上有着很多人比你还不幸，只要能够抬头看到阳光就是幸运的，那些生活里的挫折比起整个人生也只不过是一个再小不过的插曲。想在这个社会上立足，就要有平和的心态。在患得患失的人生里，我们时刻都在选择着，也被别人选择着。我们应该有点阿 Q 精神，痛苦与快乐的生活都是我们选择的，为什么要让自己沉溺在痛苦中呢?

《菜根谭》中有这样一段话：“天薄我以福，吾厚吾德以迓之；天劳我以形，吾逸吾心以补之；天厄吾以遏，吾亨吾道以道之。天且奈我何哉?”其大意是说，假如上天给予我的福分很少，我就要多积德行善来弥补这极少的福分；假如上天让我的身体劳苦，我就让内心安逸来补养这份疲惫；假如上天让我的境遇困厄，我就让我奉行的天道通达无阻，使其转为顺畅，上天又能对我如何呢？若用心一读，便会悟出其中蕴含着耐人寻味的道理：没有任何一个人的生命是完整美好的，只有你自己才能填补内心的不满足，倘若你内心足够强大，老天也无法折磨你。

在美国，曾有一位黑人老人在街上以卖气球为生，每当生意不好的时候，他总要放飞一个气球，以此来激励自己，吸引顾客。有一个流浪的黑人男孩问他："爷爷，黑色气球它也会飞吗?"老人说："孩子，气球它会不会飞，不取决于它的颜色，而在于它心中是否有升腾之气!"你的心中有升腾之气吗?是否只有丧气，只有叹气，只有窝囊之气呢?

是的，人就活一口气。也许你认为自己是弱势群体，缺少必要的资源，没有富爸爸，不是高富帅不是白富美，甚至运气也不如别人好，但这些都不是你活得好的根本因素，你完全不必灰心丧气。

斯蒂芬·威廉·霍金，27 岁时，上帝关上了他的健康之门，卢伽雷氏病症使他全身肌肉萎缩，腿不能走，手不能写，嘴不能说，整天被禁锢在冰冷的轮椅上，仅有的资本就是一颗大脑和可以活动的两根手指。霍金没有祈求上帝："给我打开窗吧!"而是凭着顽强的毅力和不懈的努力，自己推开了那扇窗。46 岁那年，他出版了伟大的《时间简史》，他也被誉为"在世的最伟大的科学家""另一个爱因斯坦"和"宇宙之王"。

"鞋子"不是一个人走路的必要条件，很多人赤脚走路也能到达目的地。所以，我们不能只与那些优势群体比，过分强调外在条件而让自己心态失衡，甚至失去生活的信心。

哲人用这样一段话来启示我们：

如果今天早上你起床时身体健康，没有疾病，那么你比其他几百万人更幸运，他们甚至看不到下周的太阳了；

如果你从未尝过战争的危险，牢狱的孤独，酷刑的折磨和饥饿的滋味，那么你的处境比其他五亿人更好；

如果你能随便进出教堂或寺庙而没有任何被威胁暴行和杀害的危险，那么你比其他三十亿人更有运气；

如果你的冰箱里有食物，身上有衣穿有房可住及有床睡，那么你比世上百分之七十的人更富有；

如果你在银行里有存款，钱包里有票子，口袋里有零钱，那么你属于世上百分之八最幸运之人；

如果你父母双全，没有离异，那么你的确是那种很稀有的地球之人；

如果你读了这段话，那么你刚刚得到了一个双重的祝福，因为有人想到了你，而你并不属于那另外二十亿文盲。

如果你能够平平安安地度过一天，那就是一种福气了。多少人在今天已经见不到明天的太阳，多少人在今天已经成了残废，多少人在今天已经失去了自由，多少人在今天已经家破人亡。生活不需要太多的叹息声，只需要乐观的心态、信心和勇气。

3. 用内心世界控制外在世界

一般来讲，人的心理状态是相对稳定的、连贯的。但是，这种稳定的心态因他人或者外界的影响会发生变化，也就是说，人的心态是可以修炼、调整的。在日复一日的机械而紧张的生活里，你可以过得很不快乐，也可以过得很快乐。如果你选择了快乐，那你就能获得快乐。如果你选择了郁闷苦恼，那么幽默大师也无法让你开心。快乐不快乐由你的心态决定的，不能被别人的行为所左右。

我们身边的许多人每天都在不停地奔忙着，是不是常把“忙着呢”、“烦着呢”、“真让人着急”等等的话挂在嘴边？这是一个焦虑的时代，几乎所有的人都迫不及待，甚至我们身边的空气都弥漫着焦虑的气息。一个人受到太多的压力之后，心态会变得十分不平和，一旦这样的情况发生，对于工作和家庭都会带来相当大的影响，这时就要学会如何去调节好自己的心态，因为这维系着你的命运。

美国有对孪生兄弟出生于贫困家庭，妈妈是酒鬼，爸爸是赌徒。两兄弟长大后，弟弟无恶不作，进了监狱。

记者采访弟弟，弟弟说：“都是我父母害的，都是父母的错，我到现在这个地步，都怪父母不好。”

哥哥是一个很成功的企业家，记者采访哥哥的时候，哥哥说：

"我之所以能成功，是因为我的父母。"

来自同一个悲惨的家庭，为什么弟弟会沦为赌徒，哥哥会变成企业家？因为决定命运的不是外在世界，而是你的内在世界。我们可能遇到过自己的长辈、亲戚，或者遇上那些快退休的人，或者是下岗的一群人，他们总是牢骚满地，怨声漫天。他们认为自己的苦难岁月都是社会害的，所有的错误都是别人的，自己最可怜，才会活到现在这个不如意的状态。此类的抱怨数不胜数，其根源就是内心的渴求和现实不一致。他们不能正视困难，不能面对自己，不能面对自己的缺点和不足并且纠正掉这些不足，反而把所有的责任都推卸到别人身上，觉得自己很可怜，是受害者。他们遇到一些社会上的不公，被社会磨光了棱角，撞得头破血流的时候，总是会说："这是别人的错，不是我的错？"

那么试想一下：我们国家现在 14 多亿人口，如果大家财富均分，让那些老是抱怨社会对待他如何不公，自己如何悲惨的人，和别人拥有同样的财富，10 年后，20 年后，再来看看大家的变化，你就能够发现，之前的穷人，还是穷人，之前的富人，终究还是富人。如果心态不变，处境也不会变。

一位伟人说："要么你去驾驭命运，要么是命运驾驭你，你的心态决定谁是坐骑，谁是骑师。"心态是情绪和意志的调控器，决定自己命运的，不是外在世界，而是人的内心。成功人士始终用最积极的思维、最乐观的精神和最辉煌的经验支配和控制自己的人生。失败者则刚好相反，他们的人生是受过去的种种失败与疑虑所引导支配的。人世间的诱惑太多，面对物欲横飞的世界，面对残酷无情的现实，只有调控好自己的心态，才能少一些遗憾，多一份生活的信心和美好的憧憬。

4. 不念过去，不畏将来

人生在世，不知要经历多少人间沧桑，体会多少世态炎凉，闻听多少趣闻轶事，感受多少人情世故……有些人，不会停留；有些事，不必强求；有些过程，只是人生中的小插曲。我们只是沧海一粟，如此渺小，对于有些事，无能为力也是情理之中的。坦然面对这一切，伤也好，痛也罢都会成为过往。过去的已经过去了，过去的事情是无法改变的，你不能重新开始，也不能从头改写，就像打翻了的牛奶，为之哭泣、埋怨、沮丧都已于事无补。

英国前首相劳合·乔治有一个习惯——随手关上身后的门。有一天，乔治和朋友在院子里散步，他们每经过一扇门，乔治总是随手把门关上。“你有必要把这些门关上吗?”朋友很是纳闷。

“哦，当然有这个必要。”乔治微笑着说，“我一生都在关我身后的门。你知道，这是必须做的事。当你关门时，也将过去的一切留在身后，不管是美好的成就还是让人懊恼的失误，然后，你又可以重新开始。”朋友听后，陷入了沉思。乔治正是凭着开创未来的精神一步一步走向了成功，登上了英国首相的位置。

有句格言说：“如想改变，就从丢弃旧物开始。”有的人曾经也许辉煌，也许黯淡；有的人沉醉于昨日的成功，裹足不前；有的人追悔于昔时的失败，怨天尤人。他们的余生因为过去而被禁锢，他们走不出过去的影子，终碌碌无为。所以，人就应该适时地忘却过去，让时间淹没曾经的成功或失败，把握现在，重新开始。

现实生活中，有些人不仅对过去的事情放不下，还担心未来没有发生的事情，总是把未来可能发生的事情想得特别糟糕。

有一个嗜酒如命的朋友找老孙借车，去参加一个婚宴。老孙一听就开始担心起来：朋友出去后喝酒驾车被警察逮着怎么办？如果是驾车出了事故车坏了怎么办？如果伤人了要负连带责任又怎么办？那天正好小区停电，老孙带一家人到饭店吃饭，一路上都在担心这个问题。关系要好的朋友，借车这点小事磨不开面子拒绝。老孙就借口说，吃饭的地方离家有点远，吃完饭回家后就把车借给朋友。到吃饭时，老孙心里还不踏实，而他朋友来电话说等不及了，已经借了别人的车走了。老孙的担心化为乌有，但一顿饭却没吃好。

日常生活中有许多类似的“小事”，让很多人心神不宁。也有的人大多数的时间都生活在对未来的担忧甚至是焦虑中。比如，担心自己会不会失业，担心未来能不能找到好工作，担心未来能否找到一个好伴侣，忧虑未来得了病怎么办，忧虑自己的孩子，忧虑自己的父母等等。所有这些担心、忧虑乃至焦虑，都不过是庸人自扰，担忧不仅解决不了一点现实的问题，而且会让人失去现实的行动力。不要因为担心未来，而无法享受现在。真正参透生命奥秘的人，没有事情会让他们烦忧，因为烦忧就像我们有时候会担心死亡一样，是不合逻辑的。每时每刻，世间万事万物变幻莫测，自然界如此，生活亦如此。与其担心未来，不如活在当下，认真快乐地过好每一天。

有这样一个故事：

从前，一个富人和一个穷人在谈论什么是幸福。穷人说：“幸福就是现在。”富人望着穷人的茅舍、破旧的穿着，轻蔑地说：“这怎么能叫幸福呢？我的幸福可是百间豪宅、千名奴仆……”后来，一把大火把富人的百间豪宅烧得片瓦不留，千名奴仆各奔东西。一夜间，富人沦为乞丐。

盛夏酷暑，这个汗流浃背的乞丐路过穷人的茅舍，想讨口水喝。穷人端来一大碗清凉的水，问他：“你现在认为什么是幸福？”

沦为乞丐的富人眼巴巴地说：“幸福就是此时你手中的这碗水。”

其实，昨天的已经是一张旧船票了，明天的船票在哪里还无法得知，只有今天握在手中的船票才是有效的，等着我们去搭乘。只有好好把握当下，把心放稳，去掉心灵的累赘，认真享受你已拥有的一切，才会觉得自己离幸福很近。

5. 这一切都会过去的

传说很久以前，犹太大卫王思考人生奥义而不得，他将宫中的工匠叫来，说：“请你帮我做一个戒指，在上面刻上一个句子，让我在获得胜利、自得意满的时候提醒我，绝望的时候救助我。”接受国王的命令之后，工匠做了一个很漂亮的戒指，但却为不知道要刻一句什么话而感到困扰。于是，工匠去向所罗门王子求助，所罗门建议刻上：这一切都将过去！他解释说：“当国王胜利的时候，只要看到这个句子，就会收起骄傲之心；当他陷入绝望的时候，整个心灵就会豁然开朗。”

不管是好的还是坏的，没有一件东西可以永恒不变。当你失败、痛苦的时候，你要告诉自己：这一切都会过去的！当你成功、得意忘形的时候，你也要知道：这一切也都会过去的！

美好的人生，是一个过程，而不是一个状态；它是一个方向，而不是终点。

人生就像一杯茶，不会苦一辈子，但总会苦一阵子。最使人疲惫的往往不是道路的遥远，而是你心中的郁闷；最使人颓废的往往不是前途的坎坷，而是你自信的丧失；最使人痛苦的往往不是生活的不幸，而是你希望的破灭；最使人绝望的往往不是挫折的打击，而是你心灵的死亡；所以我们凡事要看淡些，心放开一点，一切都会慢慢变好的。

还有这样一个故事：

1958 年，巴西足球队参加一个世界级比赛，原以为冠军是十拿九稳，结果失误了。

巴西足球队回国时，所有队员都怀着忐忑不安的心情，因为他们输了，彻底输了。输掉了冠军，输掉了家乡人民的信任，至少他们是这样认为的。队长一直在思索怎样面对家乡人的咒骂与痛责，久久无果。出人意料的是，队员们一下飞机，便看到总统带着数万球迷在机场迎接他们。没有责骂和嘘声，只打出了一条横幅：一切都会过去。球员们感动得哭了，在球迷们无声的迎接中回家。同年，在接下来的世界杯，巴西队果然夺冠。专机接他们回国，一下飞机，除了数万球迷的欢呼，迎接他们的还是一条横幅：这一切也都会过去。就是因为这样的鞭策和鼓励，巴西足球才一直进步，一直站在世界高峰。

不管现在或曾经是多么灰暗和悲伤，这一切都会过去；不管现在或曾经是多么辉煌和快乐，这一切都会过去。

荣廷一度十分落魄，许多人见了他，连话都懒得跟他说。他去求亲戚，亲戚们个个摇摇头说：“我们是泥菩萨过江，连自身都难保，哪还能伸出手来救助你？”

世态的炎凉，让荣廷心中仅剩的那一丝暖意也随风散尽了。他走投无路了，决定一死了之，用死给自己的困苦做解脱。但在离开这个世界之前，他想见一个人。那人是他过去的一个朋友，平时不怎么说话，也不怎么容易笑，总是一副平平淡淡的样子，但心地却很好，需要他帮忙时，不用去向他求救，不知什么时候，他已经默默伸出手在帮助你了。

荣廷忍饥挨饿走了几百里，他找到了自己的那位朋友。朋友住的房屋也很破，穿着也很旧，一眼就能看得出，朋友的处境并不比自己好多少。坐在朋友家里，他痛哭流涕地向朋友诉说自己的困苦和世态的炎凉，他哭了半天，朋友只淡淡安慰了他一句话：“这都会过去。”

告别朋友时，朋友把一卷钱塞到荣廷手里，拍了拍他的肩膀说：“别想那么多，这一切都会过去的。”

他问朋友说：“你栏里的那些猪呢？”

朋友说：“就它值点钱，卖掉了。”

他知道朋友塞给他的钱，是朋友那些半大的猪换来的。他决定不死了，不为自己，就为有朝一日能偿还朋友的那笔卖猪钱。

十几年后，荣廷发财了，有价值千万的家产，有两个生意红火的公司，还有别墅、进口轿车，又有了应酬不完的亲朋，什么都拥有了。他选择了一个春日，自己驾着锃亮的奔驰轿车去看朋友。朋友仍然十分贫穷，而且也老了。

坐在朋友家的院子里，他绘声绘色地讲自己如何创业，如何挣了上千万的资产，如何挥金如土，那些达官贵人和社会名流们如何媚笑着逢迎他。讲了半天，朋友什么话也没有说，只是静静地听他讲，然后淡淡地说一句：“这都会过去的。”

听了朋友的话，他愣了，然后细细想想就变得沉默了。从朋友那里回来后，荣廷就像变了一个人，不再对手下的员工吹胡子瞪眼了，不再到豪华酒楼里摆阔了，不再对亲朋邻居指手划脚了，他记住了朋友的那句话：“这都会过去的。”

一切都会过去的，包括荣誉与财富，贫困与富足，春暖与冬寒，欢笑与泪水……

有意义的人生，是一个过程。艰辛的时候不要绝望，因为困境会过去。成功的时候不要得意，因为辉煌也会过去。

6. 没有人必须卑贱地活着

据说，世界上只有两种动物能达到金字塔顶。一种是老鹰，还有一种就是蜗牛。

老鹰和蜗牛，他们是如此不同：鹰矫健凶狠，蜗牛弱小迟钝。鹰性情残忍，捕食猎物甚至吃掉同类从不迟疑。蜗牛善良，从不伤害任何生命。鹰有一对能飞翔的翅膀，而蜗牛背着一个厚重的壳。它们从出生就注定了一个在天空翱翔，一个在地上爬行，是完全不同的动物，唯一相同的是它们都能达到金字塔顶。

鹰能达到金字塔顶，归功于它们有一对善飞的翅膀。也因为这对翅膀，鹰成为最凶猛、生命力最强的动物之一。与鹰不同，蜗牛能达到金字塔顶，是靠它永不停息的执着精神，虽然爬行速度极其缓慢，但是每天坚持不懈，蜗牛总能登上金字塔顶。

我们中的大多数人都是蜗牛，只有一小部分能拥有优秀的先天条件，成为鹰。但是先天的不足，并不能成为自暴自弃的理由。

奥地利著名心理学家阿德勒对我们平日不以为然的“自卑”进行了饶有兴味的探讨和独创性的研究。阿德勒之所以对研究自卑感兴趣，与他童年的自卑经历有着密切的关系。

阿德勒于 1870 年 2 月 17 日出生于奥地利维也纳郊区一个富裕

的商人家庭。他的物质生活虽然富裕，但与体格健壮、标致出众的哥哥相比，他长得既矮又丑。不幸的是，他还患了佝偻病，直到4岁才学会走路，更要命的是，阿德勒5岁的时候又得了肺病，几乎丧命。

阿德勒在回忆自己的童年时这样叙述道："我所能回忆起的最早的往事是，由于得了佝偻病，我被绷带捆绑着坐在椅子上，健康的哥哥就在我的对面。他能跑能跳，毫不费力地走来走去，然而对于我，每动一下都极度困难、十分费力。父母为我操尽了心，每一个人都在尽力帮我。"

尽管自认不幸，但是阿德勒仍然是一个对人充满爱、活泼的、善于交际的孩子。他一生保持了这些品质。刚开始上学的时候，他的学习成绩很差，尤其是数学。他的一位老师曾挖苦地说："阿德勒将来最适合做的工作就是鞋匠。"然而，阿德勒并没有朝着这位老师向他指引的方向发展，最后却成了班上学习成绩最优异的学生之一。

1895年阿德勒获得了维也纳大学的医学博士学位，从事精神病学研究，实现了他童年立志做一名医生的梦想。从1902年开始，阿德勒给弗洛伊德当助手。那时，他经常参加弗洛伊德星期三讨论会，成为当时精神分析学派的重要成员。1910年，阿德勒担任了维也纳精神分析学会主席，成为弗洛伊德学派的核心人物之一。

阿德勒认为，一个人的缺陷感越大，自卑感越重，就会越敏感，个体寻求补偿的愿望也就越迫切。杨绛曾说过："卑微是一件隐身衣，让人家视而不见，见而不睹。但如果你消极地面对，就会像一颗沙子一样埋没于撒哈拉。这样活一辈子，不是虽生犹死吗？"只要你有积极的心态，有勇气去扼住命运的喉咙，不要让生命在无味的呻吟中消亡，乘风破浪，直挂云帆，你会让生活变得更加精彩，让人生少一分遗憾。

哲人说，生活不是用来妥协的，你退缩得越多，能让你喘息的空间就越有限；日子不是用来将就的，你表现得越卑微，一些幸福的东西就会离你越远。在有些事中，无须把自己摆得太低，属于自己的，都要积极地争取；在有些人前，不必一而再地容忍，不能让别人践踏你的底线。只有挺直了腰板，世界给你的回馈才会多点。一个人不管多么渺小，但无论如何，都要追逐自己的命运，自强不息，哪怕耗尽自己毕生的精力。

7. 换个角度看待折磨你的事儿

苦难是一把双刃剑，从正面意义来讲，苦难能磨炼一个人的意志，从而使一个人变得坚强和伟大。而从负面意义来讲，在很多情况下，苦难践踏了人的尊严，伤害了人的心灵，扼杀了天才的创造力。正如巴尔扎克所说："世界上的事情永远没有绝对的，结果完全因人而异。苦难对于天才是一块垫脚石，对于能干的人是一笔财富，对于弱者是一个万丈深渊。"

曾有这样一个"倒霉蛋"，他是个农民，做过木匠，干过泥瓦工，收过破烂，卖过煤球，在感情上受到过欺骗，还打过一场三年之久的官司。他曾经独自闯荡在一个又一个城市里，做着各种各样的活计，居无定所，四处漂泊，生活上也没有任何保障。但是在他看来，日子越难过，越要好好过。现在他的模样仍然像一个农民，但是他与乡里的农民有些不同，他虽然也日出而作，但是不日落而息——他热爱文学，写下了许多清澈纯净的诗歌，每每读到他的诗歌，都让人们为之感动，为之惊叹。

"你这么复杂的经历怎么会写出这么纯净的作品呢？"他的一个朋友这么问他，"有时候我读你的作品总有一种感觉，觉得只有正在初恋的人才能写得出这样的诗。"

“那你认为我该写出什么样的作品呢？《罪与罚》吗？”他笑着问。

“起码应当比这些作品更沉重和黯淡些。”

他笑了，说：“我是在农村长大的，农村家家都储粪种庄稼。小时候，每当碰到别人往地里送粪时，我都会掩鼻而过。那时我觉得很奇怪，这么臭、这么脏的东西，怎么就能使庄稼长得更壮实呢？后来，经历了这么多事，我却发现自己并没有学坏，也没有堕落，甚至连麻木也没有，就完全明白了粪便和庄稼的关系。”

“粪便是脏臭的，如果你把它一直储在粪池里，它就会一直这么脏臭。但是一旦它遇到土地，它就和深厚的土地结合，就成了一种有益的肥料。对于一个人，苦难也是这样。如果把苦难只视为苦难，那它真的就只是苦难。但是如果你让它与你精神世界里最广阔的那片土地去结合，它就会成为一种宝贵的营养，让你在苦难中如凤凰涅槃，体会到特别的甘甜和美好。”

土地转化了粪便的性质，人的心灵则可以转化苦难的性质。在转化中，每一场沧桑都成了他唇间的美酒，每一道沟坎都成了他诗句的源泉。他文字里那些明亮的妩媚原来是那么深情、隽永，因为其间的一笔一画都是他踏破苦难的履痕。

还有一个故事说，有个年轻女孩失恋了，在公园里悲痛欲绝。一位哲学家走来，轻声地问：“你为何哭得如此伤心？”

女孩回答说：“我和青梅竹马的男友分手，十年的感情啊！说分就分了！呜呜……我好难受……”

不料这位哲学家却哈哈大笑，并说：“这是好事啊！你还哭，真笨。”

女孩便很生气地说：“你怎么这样，我遭受这么大的打击，都不想活了。你不安慰我就算了，居然还指责我。”

哲学家回答说："傻瓜，你根本就不用难过啊，真正该难过的是他。因为你只是失去了一个不爱你的人，而他却失去了一个爱他的人。"

女孩听了，想了想，停止了哭泣。

有很多烦恼和痛苦是很容易解决的，有些事只要你肯换个角度、换种心态，就会有另外一番光景。

其实，对于每一个人，苦难都可以成为礼物或是灾难。选择权掌握在你自己手里。换个角度看人生是一种明智的选择。当你面对缺憾心中愁苦时，就迈动智慧的双脚走一走，换个角度，也许就"柳暗花明又一村"。每个人的生活都不是完美的，生活对待每一个人也不是完全平等的。如果想要平衡自己的心理，就应该换一种角度去思考，不要一味钻入死胡同。生活的方式也是我们自己选择的，无论是主观的、客观的、意识的、现实的。如果把苦难看作挫折，你就会陷入黑暗消沉；而如果把苦难看作人生的功课，或者更积极一点把苦难看作前进和自身成长的机会，那么你就会充满正能量！

换一个角度去思考，你是否觉得豁然开朗？换一个角度去思考，你是否恢复了往日的自信？换一个角度去思考，你是否觉得海阔天空了呢？《塔木德》中，有这么一个自问自答的问题："人的眼睛是由黑、白两部分组成的，可是神为什么要让人只能通过黑的部分去看东西呢？"

这本书自己的回答是："因为人生必须透过黑暗，才能看到光明。"

8. 凡事多往好处想

忙碌有忙碌的好处，可以无暇于烦恼和琐事，清闲有清闲的好处，可以留点时间做自己的事。位居高位自有其好处，可以多为人民服务。平常岗位也有其好处，可以免去“焦点人物”的苦恼。心平气和最重要，顺其自然是常理。

这就是说，凡事皆有两面性，要多往好处想，才不至于自寻烦恼。

1928 年，伦敦大学的亚历山大·弗莱明教授正在研究病原菌的繁殖生长过程。有一天，他发现培养病原菌的碟子被青霉覆盖，而且碟中的病原菌都死了。青霉杀死了病原菌，破坏了他的研究计划。但他并不觉得这是坏事，反而转为培养这种菌，并研究它们对人体白细胞的作用，终于从中提取了世界上最早的抗生素——青霉素。得知此事的另一位学者懊悔万分，原来他在做实验时也看到了这种青霉，可他却因为青霉妨碍了他的研究而生气，竟将它抛弃。重大的发现机会就这样与他失之交臂。

苏联科学家列奥诺夫有一天在吃饭时，不小心把葡萄酒洒在桌布上。事后无论他怎么用力搓洗，都洗不掉葡萄酒的污渍。正当他为此烦恼时，忽然灵光一现：葡萄汁很难洗掉，不是做染料的绝佳选择吗？于是，他发明了用盐酸溶液做添加剂，着色更加稳定的“葡萄染料”。

京剧大师马连良早年因病嗓子变得沙哑，这对京剧演员来讲，不亚于一场灾难！可他却充分运用了这种嗓子，独创出迂回婉转、回味悠长的马派风格，在京剧界独树一帜。

当然，这一切改变源于他们对生活的态度和处理不幸事件的方法。如果你只是抱怨，生活中的一切都会成为你抱怨的对象；如果你不抱怨，生活中的一切都会因你的心态而改变。

画家列宾和他的朋友在雪后去散步，他的朋友瞥见路边有一片污渍，显然是狗留下来的尿迹，就顺便用靴尖挑起雪和泥土把它覆盖了。没想到列宾却生气了，他说：“几天来我总是到这儿来欣赏这一片美丽的琥珀色。”

在我们的生活中，当我们老是埋怨别人给我们带来不快或抱怨生活不如意时，想想那片狗留下的尿迹，其实，它是“污渍”还是“一片美丽的琥珀色”，取决于你的心态。生活有自己的进程，是无数个事变的组合，事情的变化有时很难笼统地说是好是坏，自寻烦恼显然毫无价值。

《中国摄影艺术年鉴·2010卷》中有一幅名叫《风雨中》的摄影作品，令人震撼：在上坡的路上，男人用力蹬着载满货物的三轮车，身子倾斜得几乎与坡面平行，头发被雨淋成一缕缕地搭在脑袋上，他的脸微微侧转着，望向在后面为他推车的女人。那女人用一只手使劲推着车，另一只手扶着腋下的拐杖，拐杖旁的右腿半截是空的。可能是因为风雨中实在睁不开眼吧，两人的眼睛都眯成一条缝，但是仍能够看出他们彼此关切的神情，男人是微笑着的，女人笑的幅度更大一些，仿佛虽然很累可却是那样开心。

风雨中男人踩着人力车艰难地运货，女人要拖着残缺的身子为男人分担劳苦，这是多么无奈的事情啊，让人不由生出“贫贱夫妻百事哀”的感慨。可是，透过雨帘，我们却看到了他们的笑意。若没有一颗热爱生活的心，如何能够做到于此种处境之下不抱怨、不愁苦，反将笑容挂在嘴角？

一件事总是有正反两面，一切都是相对而言的，缺点可能成为优点，害处可转化为益处，缺陷可能正好成为特色。如果年过半百的你坐公交车的时候没有人给让位，你可以这样想：“我还没有老，我还年轻。假如我老态龙钟的话，别人早就给我让座了。”于是，你心里乐滋滋的，仿佛又年轻了许多！所以说好日子都是自己过出来的。

生活也许是灰色的，它曾让你的天空满目疮痍，那是生活对你的另一种赐予，不要因为消极而让自己伤痕累累。即使把它看成是一种不幸，也不要忘记那曾被困于大石下的小草另寻他径破土而出的感动。

生活也许没有你预期的那样美好，也许仅仅只是家长里短、锅碗瓢盆，生活就是生活，平淡无奇也罢，轰轰烈烈也罢，无非就是一种人生态度。你以什么样的态度去对待生活，生活便给予你什么。与其满眼泪痕，倒不如简单而快乐地生活着。凡事多往好处想，你会发现事情远远没有想象得那么糟糕，只要换个角度，那么生命中的每一天你都会是快乐的。决定快乐的不是环境，而是心境。

9. 只要活着，什么问题都不是问题

有一个朋友这样描述他的一天：生活就是每天懒洋洋地招招手，迎来初升的太阳；恍惚间，晚霞满天，只能瞥见夕阳远去的裙角；恍然察觉又一天，和每一天差不多的这一个今天，竟然又远去了。远处的车灯从小小的窗口溢了出来，忽明忽暗地闪过，宛如快要熄灭的微光，做着最后的挣扎。空气中还弥漫着薰衣草的淡香和所剩无几的牛奶咖啡的味道。自己知道这是颓废的，也仅靠这点感觉知道自己还活着。

眼看身边拥有不同追求，或是不同的理念的朋友走向了不同的人生轨迹，却油然生出许多感慨。或许有些人正匆匆走在路上，但是却失去了方向，间或迷失了路途，不知道哪里还有更美的风景。王延就是其中一个。

2006 年王延从信息工程学院毕业，当过民工，去小区楼道穿过电线，在中国移动做过工程人员，在康师傅工厂做过生产线技术员，意气风发做了 2 年，信用卡欠了几千块。后来转行在兴网传媒做了两年的弱电工程维护，月薪 2000 左右，最多的时候拿过三四千。但是除去房租生活费以及杂七杂八的花费基本上没剩下钱。总之，他就是一个典型的“月光族”。实在穷得没办法，就把烟戒了。

一天回到家里，他想来想去觉得老是打工永无出头之日，就一时冲动辞去了工作。晚上躺在床上怎么也睡不着，便又翻身起来算

了算账，结果头都炸了。

他算来算去这 4 年工资至少有 8 万元，可是他除了花掉这些工资，6 张信用卡里还欠了 6 万多元。这样合计起来等于 4 年花了近 15 万！都够二线城市的房子首付了！

他每月房租 700，水电费 300，公交费和话费每月一共 200，吃饭一月花 100～1200。最近两年他没敢怎么请客吃饭，没敢怎么坐出租车，没敢去酒吧喝酒，他咬着牙又把烟都戒了。

交了一个女朋友，平时给她买点礼物，带她出去走走，吃点东西啥的，用的钱全是信用卡里取的，仅利息月超过千元。

他真的迷茫了，不知道生活该怎么过了。已经 27 岁了，房子没影子，存款没有，外债一堆，也没买过什么值钱的东西回去孝敬自己的父母。女朋友的家长说没房子不让结婚。他被一大堆的问题纠缠着，思来想去，真是没脸再活下去了，他爬上了 10 楼楼顶。

她的女友闻讯赶过来劝他说，死是一件不必急于求成的事，谁都会有那样的一天。正因为你有一大堆问题没有解决，所以你必须活着。从现在开始，重新找个方向努力看看。

王延听了女友的话大受启发：人生就是不断地遇到问题，然后不断地去解决问题。你永远不会想到接下来出现在你面前的是什么难题，唯有用一颗平常心去面对。只要生命存在，一切都可以去创造。他调整心态，重新振作起来。很快他就找到了一份满意的工作，又仔细分析了一下他面对的问题，发现他的一大堆问题其实都归结在一个“钱”上，于是他重新做了财务管理计划，准备用 8～10 年来一一解决这些问题。

每个人在内心强大起来的过程中，都要度过一段没人帮忙、没人支持的日子。很多事情都是自己一个人撑，所有情绪都是只有自己知道。但只要咬牙撑过去，一切都不一样了，这就是精神的力量。无论你是谁，无论你正在经历什么，坚持住，活下去，你定会看见自信、乐观、坚强的自己。

10. 用感恩之心看世界

人类的美好是以爱来呈现的，而感恩之心，是人类心中最美的种子。它发芽之后，开出爱之花，结出爱之果。

在人生的道路上，即使是热衷单枪匹马的“孤胆英雄”也脱离不了他所处的环境。每个人、每件事的成功，都是在上级、同事、家人、朋友的关心下、支持下、帮助下、烘托下达到的，所谓养育之恩、知遇之恩、提携之恩、救命之恩，就是这个道理。为什么不少成功人士，在得到了金钱、地位、名誉之后，并没有想象中的那么幸福。他们整天叫苦连天，说老板不理解他们，同事不理解他们，下属不理解他们，客户不理解他们，就连父母、妻子、孩子也不理解他们。这其实就是一个心态的问题。怀着一颗感恩的心来面对身边的人和物，你会突然感到原来世界如此美好。

在汉语词典里，有关感恩的词汇多而深刻：投桃报李、滴水之恩涌泉相报、羊有跪乳之恩鸦有反哺之义、衔环结草以报恩德等。感恩是对生命恩赐的领略，感恩是对生存状态的释然；感恩是对现在拥有的在意，感恩是对有限生命的珍惜；感恩是对赐予我们生命的人的牵挂，感恩是对陌路关爱的震颤。无数有关感恩的故事也因此流传百世。

在一个闹了很久饥荒的城市，一个家庭殷实而且心地善良的面包师把城里最穷的几十个孩子聚集到一块，然后拿出一个盛有面包的篮子，对他们说："这个篮子里的面包你们一人一个。在上帝带来好光景以前，你们每天都可以来拿一个面包。"

顿时，这些饥饿的孩子仿佛一窝蜂一样涌了上来，他们围着篮子推来挤去大声叫嚷着，谁都想拿到最大的面包。当他们每人都拿到了面包后，竟然没有向这位好心的面包师说声谢谢，就都走开了。

但是有一个叫依娃的小女孩却例外，她既没有同大家一起吵闹，也没有与其他人争抢。她只是谦让地站在一步以外，等别的孩子都拿到以后，才把剩在篮子里最小的一个面包拿起来。她并没有急于离去，她向面包师表示了感谢，并亲吻了面包师的手之后才向家走去。

第二天，面包师又把盛面包的篮子放到了孩子们的面前，其他孩子依旧如昨日一样疯抢着，羞怯、可怜的依娃只得到一个比头一天还小一半的面包。当她回家以后，妈妈切开面包，许多崭新、发亮的银币掉了出来。

妈妈惊奇地叫道："立即把钱送回去，一定是揉面的时候不小心揉进去的。赶快去，依娃，赶快去！"当依娃把妈妈的话告诉面包师的时候，面包师面露慈爱地说："不，我的孩子，这没有错。是我把银币放进小面包里的，我要奖励你。愿你永远保持现在这样一颗平安、感恩的心。回家去吧，告诉你妈妈这些钱是你的了。"她激动地跑回了家，告诉了妈妈这个令人兴奋的消息。这是她的感恩之心得到的回报。

学会了感恩，你会发现生活中有很多感人之处。在你遭受挫折的时候，有人安慰你、鼓励你；当你心情低落时，有人一起陪你度过；当你需要帮助的时候，有人无私地为你付出，当你成功时，有人为你欢呼喝彩。

意大利有个女探险家独自穿越了塔克拉玛干沙漠。当她走出沙漠之后，她面对沙漠跪下来，静默良久。有记者问为什么时，她极为真诚地说道："我不认为我征服了沙漠，我是在感谢塔克拉玛干允许我通过。"的确，人类的一切都是大自然所赐予的。对于这个世界，人类不可能有征服它的能力。相反，人类需要的是怀有一颗感恩的心，这样人类才有可能生生不息地传承下去。

生活给予我们挫折的同时，也赐予了我们坚强，我们也就有了另一种阅历。换一种角度去看待人生的失意与不幸，对生活时时怀着一份感恩的心，则能使自己永远保持健康的心态、完美的人格和进取的信念。感恩不纯粹是心理安慰，也不是对现实的逃避，更不是阿 Q 的精神胜利法。感恩，是一种歌唱生活的方式，它来自对生活的爱与希望。对于热爱生活的人，生活从来不吝啬恩赐。要看你有没有一颗包容的心，来接纳生活的恩赐。酸甜苦辣不是生活的追求，但一定是生活的全部。试着用一颗感恩的心来体会生活，你会发现不一样的人生。不要因为冬天的寒冷而失去对春天的希望。我们感谢上苍，是因为有了四季的轮回。拥有了一颗感恩的心，你就没有了埋怨，没有了仇恨，没有了愤愤不平，你也就有了一颗从容淡然的心。

11. 人生有缺憾才完美

有人说，每个人的人生都是被上帝咬过一口的苹果，都是有缺口的，这个缺口或大或小。因此，每个人的人生也总是充满这样那样的遗憾。你是不是哀叹过上天的不公平？你曾经抱怨过命运对你的捉弄吗？你有没有觉得人生的缺憾实在太大太多？你也曾认为一切的结果都是不如意？你是否到最后才发现你所追求的理想永远都无法实现？

有这样一则寓言故事：

很久以前的印度，有一位先生娶了一个身姿婀娜、容颜娇媚的太太。两人情如金石，恩恩爱爱，是人人称羡的神仙美眷。这位太太身材高挑、眉眼俊秀，又十分的温柔贤惠，美中不足的是长了个酒糟鼻子，显得非常突兀。

这位先生总为太太的鼻子感到遗憾，便一心想着弥补这个缺憾。他是个商人，有一天他到了贩卖奴隶的市场，看到很多人吆喝着贩卖奴隶。这位先生便挑了一个身材单薄、长着一个端正漂亮的鼻子的女孩子，不计价钱地买下了她！

他兴高采烈地带着女孩子日夜兼程赶回家，想给心爱的妻子一个惊喜。到了家中，把女孩子安顿好之后，他用刀割下了那个女孩子漂亮的鼻子，然后大声疾呼：“太太，快出来哟！看我给买回来了最宝贵的礼物！”

这位先生的太太狐疑不解地应声出来。“诺！你看！我为你买了个端正美丽的鼻子，你戴上看看。”

说话间，丈夫抽出怀中锋利的匕首，噌地一下将太太的酒糟鼻子砍了下来。顿时太太的鼻梁血流如注，丈夫赶忙用双手把端正的鼻子贴在伤口处。但是无论丈夫如何努力，那个漂亮的鼻子始终无法粘上妻子的鼻梁。

这位先生追求完美的痴心不仅让太太遭受无辜的刀刃创痛，也失去了原来不太完美的鼻子；同时也说明了他自己的愚蠢无知。

是的，人的一生中总是在不断地追求着“尽善尽美”，追求着“超凡脱俗”。不管追求的道路上有多少坎坷，多少曲折，他们总是不愿放弃，并力求向完美靠近。其实，我们没有必要那样迫不及待地去弥补遗憾，因为人生原本就是无数个缺憾串缀而成的。每个人都会有这样或那样的缺憾，追求完美的生活，那仅仅是人们美好的憧憬和愿望罢了。有些事可以通过努力去改变，有些事，无论如何努力都无法改变。对于我们不能改变的，不管喜欢与否，我们只能接受。何况有些缺憾，往往会给人更完美的感觉，比如断臂的维纳斯。生活中没有绝对的完美，相反，缺憾反而让人有更多的憧憬，让人生充满更大的魅力。

还有个故事说，一位和尚每天早晨挑水灌养后院的菜地。偶然间他发现有一只桶漏了一个小洞，于是随手就补上了。然而，过了一段时间他突然发觉路旁的花草渐渐地泛黄了。他终于明白，每次在他挑水灌养菜地时，因为水桶漏水，也无意间给路旁的花草带来了水分。他心想：如果任那些缺口“将漏就漏”下去，自己仍可以在挑水的路上看到那些美丽的花儿和可爱的小草，于是和尚又把补住的小洞给弄破了。因为“缺憾”原本也是一种美。

现实生活中，类似的例子不胜枚举。在伦敦奥运会赛场上，发生了许多出人意料甚至令人遗憾的事情：陈一冰在吊环上的表演尽管精彩无比，却与金牌无缘；第三次闯入乒乓球男单决赛的王皓，最终连续三届奥运会收获银牌；因裁判的一个判罚，本可创新纪录的自行车项目金牌得而复失……跌宕起伏的赛场上，充满着不确定性和诸多遗憾。

法国伟大的艺术家罗丹如是说：“残缺也是一种美。”笑对人生，不要把得到与没有得到、实现与没有实现、满意与不满意当作衡量人生的价值标尺，人的一生中总会留下些许缺憾。因为不在一起所以缺憾，却又因为不在一起所以产生思念衍生美感；因为犯错误所以缺憾，却因为曾经的错误使我们快速地成长从而能更加坚强地面对以后的生活……人有悲欢离合，月有阴晴圆缺。正是因为生活不完美，我们才不断地去创造，去追求，不把追求完美变成“自责”的包袱，前行的脚步就会变得轻松些；把没有实现的愿望留作美好的记忆，我们的内心将会感到愉快。我们也许无法把握成功失败，但我们可以把握对待人生、对待生活的态度，那就是永葆一种美好的心境。

第三章　淡定从容，别让灵魂在红尘中失落

生命不是一个简单的从无到有、从弱到强的过程，而是一个逐步深入、升华的过程。当我们凭借思想和意识，将希望、勇气、信心、热情、活力等能量注入我们的身体时，内心的悲伤、倦怠、羡慕、嫉妒和仇恨都会一扫而光。

1. 让灵魂跟上身体的步伐

万科的老总王石写过一部书叫《让灵魂跟上脚步》，其中阐述了一个深刻的道理：给自己一个思考的时间，让灵魂跟上脚步。

作为万科和房地产行业的带头大哥，王石曾经两次踏上“玄奘之路”。在戈壁上徒步，在乌兹别克斯坦的路途中艰难跋涉，在阿富汗的遥遥漫途中一步步前行。一路众生百态，遭遇种种困难，领略不同智慧，感受着不同的文化冲突。目的只有一个：他希望让自己的灵魂跟上身体的步伐，在人生旅途中比别人走得更稳更远。

王石，一个热爱追问历史，热爱追问当下的人，他爱的不仅仅是土壤和水，更多的是这些土壤和水背后的人和事。他的探索也是我们需要思考的人生课题。玄奘之路，如果是为求取真经的话，他完全可以骑马去，为什么要跋山涉水、历经九九八十一个磨难，才见到那些所谓的真经呢?

其实，求取真经之路就是人生的修炼之路，你不能用快捷的方式迅速走完它，你需要思考、磨炼，然后从内心里悟出生命的真谛。

有个故事说：

有一支西方的考察队深入非洲腹地考察，请了当地部落的土著人做挑夫和向导。这些土著很能吃苦，背着几十公斤的物资和装备健步如飞，一连三天，考察队都很顺利地按计划行进。可是到了第四天早上，考察队准备出发的时候，土著人却不走了，好说歹说就是不愿出发。队员们觉得很奇怪，这几天大家相处得很好，难道是不小心触犯了他们的禁忌，还是要坐地加价？这时，向导很严肃地回答探险家的问题，道："那是为了能够让我们的灵魂，能够追得上我们赶了三天路的疲惫身体。"

对于灵魂之说，土著部落的理解有点迷信，但我们或许可以理解为人的精神支撑，是我们借用外国民间广为倡导的一种人生态度来思考当下的一面镜子。如今，物欲横流的社会、快节奏的生活和竞争激烈的环境使人们的精神变得越来越脆弱，一触即溃，能过上随意、恬静、闲淡的日子，似乎成了一种奢侈。美国兰德公司在一份报告中指出，在中国社会发展进程中，经济走在文化与生态前面，中国人将为此付出身体和心灵不合拍的代价，重物质满足、轻心灵提升，可能会成为世界最贫穷的国家。正是由于技术和社会变革所产生的时间滞差，才造成了几千年来世界历史上众多的苦难和暴行。虽然我们不能不看到：欲望在前灵魂在后的错位格局，提供了我们前进的动力，但也同时产生了负面的魔力，使我们的心灵受创。

诗人海子，写了著名的诗句"面朝大海，春暖花开"，但非常可惜的是他没能抵抗现实社会的压力，卧轨自杀了。三毛因为逃不开对荷西的思念，张国荣困惑于自己不够好……从文化圈到演艺圈，细数因抑郁而早夭的天才，不难发现在他们那些异于常人的天赋背后深藏着的都是极端脆弱敏感的灵魂。为什么在一些文化层次比较高的人中频频爆出自杀、吸毒事件？为什么那些物质条件优越的高官显贵还要贪财敛财？他们的灵魂失落了，对人生意义的追问产生了极大的偏差。

在多元化的社会里，人性愈发变得复杂多变，让人很难做出非常正确的前瞻性预期，甚至是较短的预期。现实总是让人在匆忙中，在得与失之间做出选择，有时甚至是赌博式的抉择。得与失总是伴随人的一生，人若总是在得失之间进行复杂的比较和权衡，心为形役，怎能活得不累？人在尘世间走得太久了，心灵无可避免地会沾染上尘埃，使原来洁净的心灵受到污染和蒙蔽。我们总因为太忙、太累而不去对心灵进行打扫、洗涤。

心灵是人类的思想、智慧和潜能的本源和主宰。克莱门特·斯通在《获取成功的精神因素》一书中，对这种神奇的心灵力量有一段精彩的描述："一个拥有心灵力量的人，他也许是一位宗教领袖，也许是个黑带柔道高手，也许是一个白手起家创立起大公司的总裁，他们为了达到现在这个目标，必定早在许多年前，就开始了一个漫长的过程：他们必须全神贯注，放弃许多日常欲望，做出许多牺牲，体验许多挫折的滋味，在这样一个长时期的磨炼之后，他们的心灵已经变得非常强劲、坚忍、健全、平衡，这种力量的获得，没有天赋，只有依靠时间的修炼。"普通人都会有共同的人性弱点：怯弱、敏感、冲动、懈怠、易变、佞妄、骄奢、贪婪、怨恨……面对复杂的身外世界，人们往往难以把握自己，很多很多失败通常并不是缺乏知识才能、不是缺乏物质财富，而是缺乏心灵的力量。

2. 人性的弱点：舍不得，放不下

人性最软弱之处是放不下，舍不得。

一个人觉得生活很沉重，便去见智者，寻求解脱之法。智者给了他一个篓子让他背在身上，指着一条石子路说：“你每走一步路就捡一块石头放进去，看看有什么感觉。”那人走了一段路后说很沉重。智者告诉他：“这就是为什么感觉生活越来越沉重的道理。生活中我们不断地捡东西放在心里，于是越来越累。”那人问：“有什么办法可以减轻这沉重吗？”智者问他：“你愿意把工作、爱情、家庭、友谊、金钱、地位、名声哪一样拿出来扔掉呢？”那人不说话了。

生命是一场声势浩荡的人海拾荒，你不得不一路物色，一路舍弃。选择、放弃，都需要你静下心来慢慢思考。有的时候，明知道紧紧攥在手里的，不是快乐，而是悲伤，却又记着初时的欢愉，舍不得放下；有的时候，明知道长痛不如短痛，放下就会云淡风轻，却偏偏紧握回忆，松不开手；有的时候，明明知道一段感情没有结果，却还是迷恋于那一刻的温存，让自己陷进情感的漩涡，纠缠不清。

生活中，也有很多人知道，只有先舍得，后才能获得。只是，人事间舍不得的情况，总往往多于舍得。人生有太多的舍不得：舍不得一段不再精彩的感情，舍不得一份虚荣，舍不得掌声，舍不得权位……说一万个舍不得也不算多。我们永远以为最好的日子是会很长很长的，不愿那么快离开。而就在我们心软和缺乏勇气的时候，最好的日子毫不留情地逝去了。

能够懂得放下的人，多是心胸宽广、智勇双全的人。他们懂得只有放下了过去，才可能拥抱未来。从古至今，多少人把“舍得”二字诠释得精彩至极。越王勾践在被吴王夫差打败后，舍弃了君王一时的尊严，卧薪尝胆，经过十年的反思和历练，他又重新夺回了天下；韩信早年不过一介乞丐，落魄街头，他放下尊严，忍受胯下之辱，以后青年得志，率领三军，百战不殆，终究助刘邦成就帝业，自己也被封为王侯；王昭君舍弃了锦衣玉食的宫廷生活，踏上了黄沙漫天的西域之路，得到了天下的一时太平与后世的无限赞美；诸葛亮自出茅庐，匡扶汉室，鞠躬尽瘁，死而后已，舍弃了私欲，获得了百世芳名；祝英台舍弃了世间的一切繁华，化作一只蝴蝶，却得到了海枯石烂和天长地久的爱情；苏轼仕途坎坷，舍弃了安逸闲适的生活，获得了“明月几时有，把酒问青天”的千古绝唱……许多时候，我们总是不懂得放下，以为紧紧攫住，就能够得到幸福，殊不知，放下也可能是另外一种收获，会感受到更大的幸福。

星云大师讲过一个佛学小故事：阎罗王让一直想着坐享其成的人投胎做了乞丐，过着天天受人施舍的日子；让一个想着给予，想着处处帮助别人的人投胎做了富翁，专门行布施，把钱财赈济给穷人。人世间，其实不管贫富，如果一味地贪图拥有，即使有钱，也是富有的穷人。一个人虽然物质贫乏，但他乐于助人，在精神上就是富有的。

痛苦失落的时候，痛哭、怨恨、迷茫都于事无补，只有自己想明白了才行。

一段情感，从最初的惊艳走到最后的陌生，爱了、伤了、痛了、淡了、忘了，最后放下了。放下了，让心归零，去遇见新的人，去接纳新的情感，去创造新的生活，去感受新的幸福。

一段路，走到尽头，依然看不到希望，前程茫茫，心也彷徨；适时放下执着，回过头看看走过的路，是不是可以改变方向，或沿途返回、或左拐右移。有的时候“不到黄河不死心”、“不撞南墙不回头”不算得上是勇敢，更像是一种傻气。懂得放下，懂得取舍，才是智者。

一种生活，已经让自己感觉到不快乐，却因为已经习惯了而无法舍弃，就那么一直不快乐地生活着、悲叹着、抱怨着，苦不堪言，却总也放不下，不想去改变，怕一改变就会是釜底抽薪。其实，若然选择放下、改变，去选择另外一种生活，以更平和的心态去开始新的生活，这样的人生，会不会更加圆满幸福？

3. 好奢赌，输不起

有人说，人生是一场赌博。的确，人生好像一个大轮盘，一场人人都要参与的赌博！你既然入了局，就必须赌下去。

在我们的周围，不乏好赌的人。有的人为事业而赌，有的人为钱财而赌，有的人为仕途而赌，有的人为爱情为婚姻而赌……人生无处不在赌。换一个工作，一定就能够升职加薪吗？谈一场恋爱，一定能保证白头偕老吗？这些全都需要狠狠心，赌上一把。美国一些大学在上 MBA 的第一堂课时，老师便说：“世界上只有两种人：第一名和失败者。”意思是，结局未定之前，要全力去争取第一，只有第一名才是赢家。

在商业领域，中国人的赌性不容小视，看看牟其中、黄光裕、孙宏斌这些人吧，哪一个不是豪赌的高手？经常有人说中国人有创业精神。在中国，创业精神往往和好赌这个词联系在一起，因为很多创业者都需要有好赌精神。赌是与快捷、与暴富相联系的。牟其中，原南德集团董事长，一个把口号喊遍中外的富豪。他从 300 元钱起家，办了 3 件惊天大事：飞机易货、卫星发射、开发满洲里。提出改造国有企业；甚至还想炸开喜马拉雅山，把印度洋的暖湿气流引进我国西部地区……直到他因信用证诈骗案锒铛入狱。

吴敬琏先生说，中国的股市是个赌场，而且是一个不讲规矩的赌场。从牟其中的身上，我们可以看到一个“快”时代的背影，他从“首富”到“首骗”，崛起于“草莽”，纵横于商海，利用规则但又无视规则，因为打破了应该打破的规则，他登上了人生巅峰，但也因为打破了不该打破的规则而从峰顶坠落。

每个人都有选择自己的生活方式的权利。为了能在有限的空间内为自己争得一席之地，很多人选择了默默地付出，就像都市中的小蚂蚁，在人潮汹涌、高楼林立的世界里显得那样渺小。而另一部分人则选择了奢赌。他们总是对未知的、不确定的未来充满幻想，而且这种幻想又是以自己的利益为基础的。奢赌正是这种幻想变为现实的快捷途径，只是有些时候，有些人，似乎天生只赢得起却输不起，他们便开始打破游戏规则。

愿赌服输是这个游戏的规则，人生之赌也是遵循这样的规则，无论是遗憾也好，贪恋也好，愤怒也罢，不甘心也罢，都不会令事实再有任何丝毫的改变，好赌就要输得起。

有个寓言故事说，一天，寺庙里铺在地面上的一块大石头抬起头来对正上方的佛像说：“我们原本来自于山上的同一块石头，可现在我躺在这里，灰头垢面，受万人践踏，而你却坐在那里，高高在上，受万人膜拜，世道为什么如此不公平呢？”佛像说：“是的，我们来自深山的同一块石头，但我经过了几个石匠数年的打磨，才站在了这里，而你只接受了简单的加工，所以就只能铺在地上给人垫脚啊。”

打磨修炼很重要。同样是石头，一个被人践踏，一个被人膜拜，看起来好像真的很不公平。可是静下心来想想，为什么人家要选它而不是选你做佛像，肯定是因为它更有资质（石头的质地纹理）。而且人家成为佛像，也是要忍受着一锤一锤的敲击，一刀一刀的切割，就如同凤凰浴火，涅槃重生。如果你自信也有这种资质，那么也许有一天你也会被石匠发现，即使成不了佛，成为一个石磨，成为一个石杵，又有何不可呢？

每个人的一生都会有起有落，有赢就必有输。当输了的时候我们怎样去面对呢？

人们常说我们的一生都在不断地挑战，那我们是在挑战着谁？对手？劲敌？如果真的是在挑战他们的话，就算把眼中所有的对手都挑于马下，这又能给我们带来什么？难道我们真的就只是在追求着那不可一世的喜悦与兴奋、功绩与荣耀？可是，喜悦与兴奋之后我们还能在自己身上留下多少自己曾经挑战和胜利的影子？还能记住多少自己曾流下的血汗？也许有的只是内心的漠然，心神的匮乏……

输得起是一种胸怀，是一种直面现实的勇气。人生有许多十字关口来检验我们是否具有输得起的胸怀。学生时期的一考定终身，恋爱时期心上人的决然离去，职场上职位的徘徊不前……无时无刻不在影响着我们的情绪，左右着我们的喜怒哀乐。输得起是一剂心灵的良药，可以抑制我们的心灵之痛。我们只有坦然承认自己在有些方面不如人，才能摆脱怨天尤人等消极思想的纠缠，在困境中重拾希望。

输得起要输得有所值，输得起不是放弃，更不是沉沦，输得起是卧薪尝胆，为了东山再起。谁也不可能是永远的赢家，谁也不可能是永远的输家。我们可以输掉结果，但我们不能输掉信心，输掉希望，输掉理想，更不能输掉人格和尊严。

如果说赌是与对手较量，那么认输就是与自己较量。被人数落时，看看自己能不能耐住性子不做任何辩解；被人占便宜时，看看自己能不能压抑怒火后退一步；被人诋毁时，看看自己能不能豁达从容地面对；面对失败，看看自己能不能沉着冷静并从头再来；面对成功，看看自己能不能不急不躁、不狂不傲；面对恩仇，看看自己能不能心怀大度、坦然一笑。

不要与人一争高下。大千世界，人海如潮，能胜过自己的大有人在，如果认为自己最有能耐，那实在是因为你的见识太少，山外有山，人外有人。其实，人一生最终的对手永远是自己。战胜自己，你就站在了生命的最高峰；而战胜别人，不过是站在他人的肩臂之上。假如你站在珠穆朗玛峰之顶，你离地表的距离已不过是那短短的 8848 米，而是 8848 米与你生命的高度，这才是你的世界的高度，才是你心的广博与宏远。

战胜自己，站在自己世界的顶端，看着云，望着天，那才是我们生命真实的色彩。

4. 虚荣：活给别人看

虚荣是追求个人的荣耀和表面的光环，以求博得别人的欣赏、尊敬的表现。世上芸芸众生，多多少少都有点虚荣心，就算是清心寡欲的和尚，若是叫他一声“大师”，他也会喜笑颜开，倘若叫一声“秃驴”，他定不会给你好脸色看。

虚荣心是人类的本性。每个人都渴望得到认可和尊重，被自我肯定和他人认同的“尊重需求”，是一种高级心理活动。正是有了这样的渴望，我们才会不断努力，追求卓越。但是，如果把虚荣心当作“面子”工程，让自己“不丢面子”、“更有面子”，不惜用虚假的方式来吸引注意、赢得赞赏，则是一种自欺欺人的不良心态。

人活着，从形式上讲可分为两种：一种是活给别人看；一种是活给自己看。如果活着只是为了给别人看，那就会很累。竞争激烈的商业社会，大部分人是活给别人看的。有一个朋友失恋了，他说，我一定要好好干，出人头地，找一个比她更漂亮的，证明给她看！还有一个朋友失恋了，她说，我一定要嫁一个百万富翁，找一个比他更帅、更爱我的人，让他为自己的决定后悔。

其实，活给别人看，那就是死要面子活受罪。

一个朋友说，他从前最大的愿望就是能自己买一辆车，再不蹭别人的车，自尊心受不了。后来他终于买了自己的车，这时他发现和别人的车一比，自己开的实在是一辆破车，大家一起开车出去的时候，他的头更抬不起来了。所以，他加班加点拼命赚钱，准备换一辆更高级的车，结果累得自己住进了医院，花掉了一大笔医疗费。

一个在二线城市工作的人，嫌工资低，去了北京。收入翻了三倍，可还没来得及高兴，他就发现这样的收入，一辈子也别想在北京买上一套房。而为了这份收入，他付出的代价比在原来的地方多出远不止三倍。

社会与环境已经布满了重重陷阱。商品时代来得如此突然，许多人措手不及。成功的标志，成就感的源泉，都在改弦更张。现在有些人急切希望成功，成功后也喜欢炫耀，希望及时挥霍成功的果实，其典型表现就是大手大脚花钱给别人看。特别是在熟人和亲友面前，迫切想显示自己的财富。所以柏格森说，虚荣心很难说是一种恶行，然而一切恶行都围绕虚荣心而生，都不过是满足虚荣心的手段。而那些真正成就了事业的人，反而能够在生活中保持一颗平常心。

有一次，福特汽车的创始人亨利·福特到英格兰去，在机场咨询处他要找当地最便宜的旅馆。接待员看了看他，一眼就认出了这个超级富豪——全世界都知道的亨利·福特。在此前一天，报纸上还登出了他的大幅照片，报纸上说他要来了。现在他在这儿。

接待员说："要是我没搞错的话，你就是亨利·福特先生。我记得很清楚，我看到过你的照片。"亨利·福特说："是的。"接待员疑惑不解地对他说："你穿着一件看起来像你一样老的外套，要最便宜的旅馆。我也曾见过你的儿子上这儿来，他总是询问最好的旅馆，他穿的是最好的衣服。"

亨利·福特说："是啊，我儿子的举止是好出风头的，他还没适应生活。对我而言没必要住在昂贵的旅馆里，我在哪儿都是亨利·福特。即便是在最便宜的旅馆里我也是亨利·福特，这没什么两样。这件外套，是的，这是我父亲的——但这没有关系，我不需要新衣服。我是亨利·福特，即使我赤裸裸地站着，我也是亨利·福特，这根本没关系。”

真正的荣耀不是炫耀出来的，贪慕虚荣是要付出代价的。莫泊桑的《项链》所讲述的玛蒂尔德的悲剧，就是由虚荣造成的。为了一时的虚荣，而赔上一生的幸福。

商品社会使得很多人误认为财富就代表着成功，在这种背景中，消费的目的不再是因为生存需要，而是为了炫耀或是用来证明自己，虚荣正在悄然地剥夺着人独立的品格。活在别人的标准和眼光之中，失去了自我，找不到平常心，是一种痛苦，更是一种悲哀。

如果不是虚荣心在作怪，人们会活得更加真实和坦然。与其担心别人活得比你好，不如关注自己怎样才能一天天做得更好、活得更好。

5. 焦虑，快时代的通病

快时代常常让我们的心像放在油锅里煎熬一般，“焦虑”泛滥，人人不堪其扰。连嘴角挂着清涕的幼儿园小朋友，都不时把“郁闷”、“好烦”挂在嘴边。现今相当多的人都逃不开“焦虑”的折磨，每个人的生活都不容易，大家都活得很累。

时间就是金钱，一切都在快速崛起，一切都在抢滩登陆，人们生怕错过了一时就会错过一世。在这种“快”理念的催生下，买房焦虑、职场焦虑、婚姻焦虑、生育焦虑……在媒体、社会舆论有意无意的推波助澜下，焦虑情绪被生发、放大，蔓延到社会的各个角落，甚至营造出一种全民焦虑的“奇观”。在这全民焦虑的时代，职场无疑是个重灾区。中国青年报社会调查中心一项由 2134 位职场人参与的调查显示，焦虑已经成为现代人的一种生活常态：34. 0% 的受访者经常产生焦虑情绪，62. 9% 的人偶尔焦虑，只有 0. 8% 的人表示从来没有焦虑过。

李先生，在广告行业工作了 9 年多，从一个最基层的业务员做起，慢慢提升为总监级的中层领导。在旁人眼里已经很成功的他，竟然出人意料地做出辞职的决定。李先生的公司不大，业务基本由他带着大家干。在公司里，决策层一般由总公司委派，像他这样由基层成长的人最多做到中层总监，更让他难以接受的是，公司的薪水偏低，月薪4000元，外加少量的提成，实在无法养房、养车、养老婆孩子。这种焦虑从40岁以后愈加强烈，李先生决定，无论怎么样都不能这么不明不白地干下去了，他注册了一家小公司，希望白手起家。

李先生的“40岁遭遇”并不是个案。某网站一项调查显示，超五成职场人受“职场危机”困扰，表现为发展无方向、升职没机会、工资上不去。而且许多事业处于发展期的“80后”“90后”也因为“职场危机”而陷入焦虑。

刚三十有二的马先生也很焦虑。他焦虑的倒不是现在的工资与薪水，而是未来10年的职业发展太过于不乐观。据说职业生涯有“内生涯”和“外生涯”之分，“内生涯”是指个人内在的经验、技能、理念等，“外生涯”指公司背景、薪酬、职位等。马先生个人很努力，“内生涯”的发展并不担心，但“外生涯”就忧虑重重了，马先生所在行业属于走下坡路的行业，由于业务不景气，未来十年都不太可能有升职的空间，对此，马先生岂有不担心之理。

焦虑的背后是压力，“焦虑帖”的泛滥有公众情绪无序放大的原因，但也与压力的与日俱增密切相关。前两年，网上流行的一个帖子“80后的无奈”，道出了草根一族的无奈和焦虑。同时，也折射出一股浓浓的自怜自艾情绪。

帖子的标题是“我们是怎样的一代人”：

当我们读小学的时候，读大学不要钱；当我们读大学的时候，读小学不要钱；

当我们还没能工作的时候，工作是分配的；当我们可以工作的时候，撞得头破血流才勉强找份饿不死人的工作做；

当我们不能挣钱的时候，房子是分配的；当我们能挣钱的时候，却发现房子已经买不起了；

当我们没有进入股市的时候，傻瓜都在赚钱；当我们兴冲冲地闯进去的时候，才发现自己成了傻瓜。

80后确实很无奈。而且，这些都是草根一族现实生活的写照，一些人的生活甚至比这里说的更难，更苦。

毫无疑问，我们生活在一个快速变革、快速发展的时代，在快节奏下，计划经济时代那种不紧不慢的沉闷生活早就被颠覆。当人们发现物质日益富足的同时，过去不以为然的“慢生活”居然变得愈发奢侈。记得曾有媒体经过梳理后发现，国人正在丧失慢的能力：最爱“快进”，狂点“刷新”；评论，要抢“沙发”；寄信，最好是特快专递；拍照，最好是立等可取；坐车，最好是高速公路、高速铁路；坐飞机，最好是直航；做事，最好是名利双收；创业，最好是一夜暴富；结婚，最好有现房现车；排队，最好能插队。若不能，就会琢磨：为何别人排队总比我快？在这场暴富运动中，“发财”成为唯一的“硬道理”，占有、侵吞、囤积、挥霍、炫耀成为一种受追捧的成功术。在丰裕得过剩的物质面前，人显得如此卑微，财富彻底剥夺了人类最后的尊严。疯狂的财富逻辑消解了道德、政治和伦理的意义，人们无不感到自己已经被历史放逐。自卑、郁闷、愤懑、焦虑如同一场瘟疫，弥漫在我们的生活中，侵蚀着我们的灵魂。

因此，人生在世，需要不断地为心灵除尘，自省、自悟。

第一步，接受焦虑。弄清楚压力来自哪里，让自己静下心来，听听自己内心的呼声，知道自己内心渴求的是什么。回忆一下走过的路、曾说过的话以及那些被久置在角落的事。我们可以把曾经的付出、曾经的经历、曾经的失败当作成长的学费，想好我们下一步的方向和跨度，然后稳健地跨出去。第二步，心理疏导，进行能量转换。知道自己肩上的担子哪些是必须承担的，哪些是可以舍弃的，修剪欲望的枝蔓，为心灵减负松绑，为压力找一个出口，增强自信心。在这瞬息万变的时代，谁都不知道未来会如何，焦虑没有用，那为什么不活在当下，为现在的你而活？远离焦虑，才能快乐幸福地生活下去。

6. 欲望可以有，但不可有贪欲

“生死根本，欲为第一。”人不能没有欲望。老子在《道德经》中称欲望是“天地之始，万物之母”，是主宰一切人类活动的本源。

美国俄亥俄大学的一项研究表明，人类所有的行为都是由15种基本的欲望和价值观所控制的，好奇心、食欲、荣誉感、性、强身运动、秩序、独立、复仇、社会交往、家庭、社会声望、厌恶、公民权、力量。人的15种本能欲望是人类生存发展的驱动力，每个人的所有努力和成就，都产生于此。

但是，人是一种不容易满足的动物，内心很小，而本质的欲望太大，并不会因为一次欲念得到满足而终止。浮躁的社会大环境让人生出没完没了的欲望：住150平方米以上的房，开30万元以上的车，买几万块的名牌包，孩子上私立学校……人这种高级动物总是选择一种辛苦甚至惨烈的方式来圆满自己的一生。

生活原本没有痛苦，当一个人开始计较得失，无休止地贪求更多时，痛苦便来缠身了。

从前，有个百万富翁，每天让他劳神费心的事情跟他拥有的财富一样多。所以，他每天都愁眉紧锁，难得有个笑脸。

百万富翁的隔壁，住着磨豆腐的小两口。曾有谚语说，人生三大苦，打铁撑船磨豆腐。但磨豆腐的这小两口却乐在其中，一天到晚歌声、笑声、逗乐声不断地传到百万富翁的家里。

百万富翁的夫人问老公："我们有这么多钱，怎么还不如隔壁家磨豆腐的小两口快乐呢？"

百万富翁说："这有什么，我让他们明天就笑不出来。"

到了晚上，百万富翁隔着墙扔了一锭金元宝过去。第二天，磨豆腐的小两口果然鸦雀无声。原来这小两口正在合计呢！他们捡到了"天下掉下来的"金元宝后，觉得自己发财了，磨豆腐这种又苦又累的活儿以后是不能再做了。可是，做生意吧，赔了怎么办；不做生意吧，总有坐吃山空的一天。丈夫心里还想，生意要是做大了，是该讨房小的呢还是该休了现在这个黄脸婆；妻子则在琢磨，早知道能发财，当初就不该嫁给这臭磨豆腐的。寻思呀琢磨呀，之前快乐的小两口现在谁也没有心思说笑了，烦恼已经开始占据他们的心。更令小两口痛苦的是，为什么天上不能多掉几个金元宝呢，这样就能想买什么就买什么了啊？

无论富人还是穷人，当贪欲之火被点燃后，烦恼就来敲你的心门了。

人们常说，防不胜防的敌人是贪欲。贪欲会让贪婪之人成为米缸里的老鼠，最终会被困死在米缸里。

俄国作家托尔斯泰写过一个故事，对我们会有一些启发。

有一位农夫每天在一小块贫瘠的土地上辛苦劳作，收成却少得可怜。农夫的不幸得到了一个天使的怜悯，天使对农夫说，只要他努力向前跑，所经过地方的土地，无论多大，全部都归他所有。

农夫喜出望外，兴奋地向前跑去。他不停地跑啊跑，跑累了想停下来休息的时候，突然想到家里妻子儿女们期待的眼神，于是又接着跑下去；实在跑不动时，农夫又想到要为将来年纪大了时攒一些养老的钱，就又拖着疲惫的身体向前跑去……最后，他终于因体力不支而倒在了地上死了。

所以，人不应该让贪欲牵着自己的鼻子走，在诱惑的面前，需要有强大的自控能力，它能让我们在得到时不过分惊喜，在失去时也不沮丧。人如果一味地求取，而不知道回馈，那么人心就会迷失方向，患得患失，要想有所成就那就更难了。

7. 羡慕嫉妒恨，人人都懂

在我们的生活中经常看到这样的情景，你比较年轻，别人嫉妒，你比较出色，别人嫉妒，你财富多、朋友多，别人更是嫉妒……当一个人真切地意识到了自己的不如人处，就会找出更多的条件与别人比较，从而产生恨（的情感）。这就是现在人们常挂在嘴边的“羡慕嫉妒恨”。

父子二人看到一辆十分豪华的进口轿车。儿子不屑地对他的父亲说：“坐这种车的人，肚子里一定没有学问！”父亲则轻描淡写地回答：“说这种话的人，口袋里一定没有钱！”

这段对话隐含的那个道理，是不是也反映出你内心真正的态度？在忙碌的人群中，有的人珠光宝气，腰缠万贯；有的人灰头土脸，衣衫褴褛；有的人健康快乐；有的人羸弱忧郁……到底是什么原因让人与人之间产生如此明显的差距？

商业社会越来越复杂，物质的丰盈使人们面临的诱惑多了，很多人是非不辨，荣辱不分，黑白颠倒。过去是笑娼不笑贫，现在很多人笑贫不笑娼；过去被一些人所不齿的“暴发户”，现在反倒被有些人津津乐道、崇尚有加。在纷繁复杂、价值观念多元的社会，选择和比较的坐标系完完全全混乱了，精神和道德已经被排除在人生坐标系之外。价值判断偏离正常轨道，人们完全按照自己的欲望去争取、去奋斗。辛辛苦苦才成为家底殷实的“小款”，心里又想着百万富翁的称号；住上三室一厅，又羡慕别人的豪宅别墅；坐上桑塔纳，又羡慕坐奥迪宝马的人。争名者为争名绞尽脑汁，失去一次出名的机会，就能痛苦得发疯；夺利者为夺利机关算尽，错过一次得利的良机，会一蹶不振……欲望无止境，烦恼也无止境，而那些受欲望折磨的人，冥冥之中仿佛有如鬼使神差，不得不为满足自己的欲望而全力以赴、死而后已。

印度思想大师奥修说：“玫瑰就是玫瑰，莲花就是莲花，只要去看，不要比较。”但是，我们的身边总有一些人，总是拿他自己与别人比较：他们比我晚到公司，却提前升职了；他们看起来没自己那么努力，生活却越来越富足了；他们看起来长得没有自己帅，找的朋友却多金又漂亮；他们看起来庸俗又虚荣，却总能得到他人的喜爱和追捧；他们脑袋很不灵光，可好运总围绕着他们转……试图从比较中找到某个结论。但比较不仅找不到成败的原因，反倒产生了羡慕嫉妒恨的情绪 。

嫉妒常常戕害着我们的心灵，让我们的修养消失殆尽。甚至会使人失去理智，失去风度，失去快乐，失去成熟，附带让我们失去友情，亲情，还有健康。

比较，除了产生羡慕嫉妒恨的情绪，再没有任何意义。新东方俞敏洪在北大做报告时讲到：“我跟马云有很多相同的地方，他高考考了 3 年，我也考了 3 年，他考的是英语专业，我也考的是英语专业，第三年我去了北大，他去了杭州师范学院。我相信很多同学都没听说过这个学院，那我觉得我这辈子应该比他更加成功吧，但是非常不幸的是，从今天来看，阿里巴巴上市的市值就是新东方的 3 倍，而我除了做成一个新东方便什么都没了。不仅如此，他还有淘宝网、支付宝……”

人们在盲目追赶、攀比的过程中，渐渐失去了平和的心态，失去了独立思考的能力，失去了欣赏和审美的能力，也失去了思考生命终极意义的能力，而这些，恰恰是能滋养人的心灵、焕发生命光彩、让人感知幸福的养分。

孟德斯鸠曾说：“人生而平等，根本没有高低贵贱之分。”我们没有权利假借后天的给予对别人颐指气使，也没有理由为后天的际遇而自怨自艾。在人之上，要视别人为人；在人之下，要视自己为人。这不仅是一个心态的问题，也是一个道德问题。

8. 生命不能承受之快

当“闪婚”、“高铁”、“互联网”这些日益普及的名词向我们传递一个概念——“快”，当大自然的野趣和闲情逸致离我们越来越远，当过劳死、抑郁症、亚健康开始笼罩职场阴魂不散，当暴戾的情绪在整个社会迅速蔓延、一触即燃……这些都不得不让我们去反思这种“生命中不能承受之快”的生活方式。

世界卫生组织说，人的健康状态分为 3 种：健康人、病人和处于亚健康状态的人。最近的一项全球调查结果显示，全世界真正健康者仅有 5%，有病找医生的约 20%，其余的 75% 都属于“亚健康”者。亚健康是危害人类的一种病态。

亚健康的基本特征是身体无明显疾病，但体力降低，适应能力较差，精神状态欠佳。是的，面对社会的飞速发展，信息化的突飞猛进，学习的压力逐渐增大，各行各业竞争的加剧，工作压力变得非常大。尽管有一份稳定的工作，但是由于复杂的社会原因、人为因素，仍然会有下岗的威胁。而沉重的精神压力又使我们的身体健康受损。同时，生活节奏快，且具有多变性，这都给人们的恋爱、婚姻、家庭带来了很多不确定的因素，使人们的情感受挫机会增加。更由于种种利益的冲突，人际关系越来越复杂，情感交流越来越少。

即使有时候很郁闷，也找不到宣泄的地方。

王先生是一名40多岁的营销主管，销售任务很重，竞争又特别激烈。他说自己就像一台上紧了发条的钟，一个城市接一个城市地出差，走路速度可以赶上竞走比赛的运动员，午饭没时间坐下来吃，常是边走边吃边思考。最近他经常感到胸闷、心前区不舒服，刚开始还没有太在意，后来，情况更加严重，出现气短、心跳加快、出虚汗等现象，到医院一检查才知道患了冠心病。

2005年12月，德州晶华集团董事长苗建中因患抑郁症自杀。过于追求完美加上公众和政府的推波助澜，最终导致了苗建中自我心理边界的崩塌并引发悲剧。在德州晶华集团资产由5亿迅速扩张到36亿的过程中，扩张计划使苗建中的精神始终处于紧绷状态：由于扩张，资金、项目、人员、市场等方方面面都需要苗建中殚精竭虑，他每天甚至工作15个小时以上，有时要到凌晨两点钟左右才能将文件审阅完毕。在公众眼里，苗建中是一个无所不能的企业家，这让他无时无刻不战战兢兢、如履薄冰。在政府面前，“龙头企业”、“无限责任”的帽子让晶华集团背上了沉重的包袱。疯狂的工作早已超出了苗建中的个人能力极限，来自外界的多重压力又让他内心经常处于一种压抑状态，这导致他身体和精神严重透支，心理产生障碍，最终患上了抑郁症。

无可否认，“更高更快更强”是社会发展的必然趋势，是任何人都不能避免的。我们能够改变世界吗？我们能够改变社会吗？在一个以活下去为最高信仰的时代，所有的生命都将以一种附和的形态附在社会飞速前进的列车上。而心灵修为高的人，在面临这种复杂的局面时，他们可以看到事物的本质，自然不会为其所累。淡然，那是一种胸怀。

有一个商人非常富有，但是也很懂得享受生活。有时候他宁愿放弃一单生意，也会睡个好觉。他经常给自己放假去旅游，以放松身心。

这样看起来，他浪费了很多可赚钱的机会。于是，有一个年轻人便问他："你工作一小时可赚钱50美元以上，如果每天休息一小时，一个月就少赚1500美元，一年少赚1万美元以上，这值得吗？"

那个商人笑着说："很多人都认为不值得，但我认为值得！现在我们来算算：假如一天工作8小时不休息，一天可赚400美元，那我的寿命将减少5年，按每年工作300天、年收入12万元计算，5年我将减少60万美元收入；假如我每天休息一小时，那我除损失每天1小时50美元外，将得到5年每天7小时工作所赚的钱。现在我60岁，假设我按时休息可再活10年，那么我将损失15万美元，15万和60万谁大呢？"

这个年轻人听了商人的话，觉得很有道理，因为商人懂得细水长流，凡事慢慢来，不能急于求成。

在现实中，我们很少去想自己已有的东西，往往竭尽全力去追寻得不到的东西，好像那里有幸福和快乐等着我们，而恰恰在力不从心的追寻过程中忽视了眼下的快乐，无情地耗损了自己的生命。

9. 心灵越纯净，力量越强大

生命的最初，我们每个人的内心都是纯净美好的，但是日子过得越久，内心深处的欲念就会一个接一个地冒出来。纷杂的世界，在以各种诡异暧昧的姿态威逼利诱我们原本纯净的心田。金钱、名誉、地位，情感的取舍、利益的抉择，无论结果如何，内心总有一角纯净被蹂躏，被污染。

明朝张翰的《松窗梦语》里，记载着一个很有哲理的故事：张翰刚当上御史的时候，就去拜访都台长官王廷相。王廷相为了鼓舞张翰当好官做好人，给他讲了自己乘轿的故事。王说，有一次他乘轿进城公务，半路上下起了雨，有个轿夫穿了一双新鞋。开始时，这个轿夫小心翼翼地循着干净无水的地方走，可是后来一不小心踩进了泥水坑。再往前走的时候，这位轿夫就再也不顾及自己的新鞋子了，随便它往泥水坑里踩。王廷相感叹地对张翰说："做官、做人、做事的道理，和这位轿夫的新鞋不小心踩进泥水坑里是一样的啊！只要人一不小心犯了错，那你以后就再也不会有所顾忌了。因此，要常常约束自己的行为，是一个人经常修炼的功课。"张翰听了，深受感动。

人的心灵一旦被污染，就像新鞋踩进泥水里，会放弃自己多年的坚守，不再注重自己的修养，不再珍惜自己的名誉，不再考虑自己的未来，放任自流，胆大妄为。“快”时代，物欲横流，有的官员今受小贿，明受大贿，最终身败名裂，追悔莫及。这都是心灵不纯净的恶果。

在人们的生活中，财富确实能够给人带来名誉、地位、权利、荣耀等很多好处，但是当一个人要不惜一切去追求财富时，财富就会变成危险的陷阱。做内心纯净的人，有时候是很难的。宗璞在《吊竹兰和蜡笔盒》中说：“我不能光活着，我还得是我自己。我从来不拒绝改变。但那必是从我自己的生命里发出来，尽管那很痛苦，很艰难……”只有保持内心纯净，才能做一个内心强大的人。一个人只要具有一颗质朴而美丽的心灵，那么他必然具有强大的人格魅力。内心足够强大，生命就会屹立不倒。

在非洲曾发生过这样一个故事：

一座火山爆发，随之而来的泥石流狂泻而下，流向不远处的一个小村庄。一个 14 岁的小女孩被惊醒，瞬间流进屋内的泥石流就淹到了她的颈部，使得她只有双臂、颈和头部露在外面。

及时赶来的营救人员围着她一筹莫展，因为对于遍体鳞伤的她来讲，每一次拉扯无疑是一种更大的肉体伤害。但是，她没有喊一个“疼”字，而是咬牙微笑着，两只手臂做出表示胜利的“V”字形，不停地向营救人员挥手致谢。

营救人员最终也没能从固若金汤的泥石流中救出她，而她脸上却没有一点痛苦失望的表情，反而洋溢着微笑，而且手臂一直保持着“V”字形状，直到一点一点地被泥石流吞没。

在生命的最后一刻，世界静极，只见她的微笑，只见她的灵魂独舞，只见她强大的内心。

在大自然的灾难面前，人类显得那么渺小，那么脆弱，那么无能为力，却又是那么坚忍，那么不屈，因为我们的心是强大的！只要我们心灵的火焰不曾熄灭，即便在死神面前，我们一样能够轻轻唱响生命的歌谣，绽开最美的笑容。

在人生的道路上，当面对名利、金钱的诱惑时，内心足够纯净，不曾被污染，你就能控制贪欲；当面对各种挫折、困难甚至绝境时，内心足够强大，你就能迎难而上。无论在什么情况下，即便是在死神面前，心足够强大的人也能从容不迫。

无论现实与社会潮流对我们的生活有着怎样的冲击，我们都要守住一方纯净的心田。一路辛苦的人生旅途，最重要的不是财产，也不是地位，而是存在于我们心底的毅力，也就是永不磨灭的希望。

10. 世界再大，大不过包容之心

雨果有句名言：“世界上最宽阔的是海洋，比海洋更宽阔的是天空，比天空更宽阔的是胸怀。”马克·吐温也曾说过：“一只脚踩扁了紫罗兰，它却把香味留在了你的脚上，这就是宽容”。

世上很多人都有这样的心理：凡是别人得罪了自己，总想找机会报复，以取得心理平衡；对方帮过自己，却转眼就忘了，好像从来没有这回事儿。而宽容就是记住别人的好，忘掉别人的错。

阿里、吉伯和马沙一起去旅行。三人行至一个山谷时，马沙失足滑落，幸而吉伯拼命拉他，才将他救起。马沙就在附近的大石头上刻下了：“某年某月某日，吉伯救了马沙一命。”三人继续走了几天，来到一条河边，吉伯与马沙为了一件小事争吵起来，吉伯一气之下打了马沙一耳光，马沙就在沙滩上写下：“某年某月某日，吉伯打了马沙一耳光。”

当旅游归来，阿里好奇地问马沙为什么要把吉伯救他的事刻在石头上，而将吉伯打他的事写在沙滩上？马沙回答：“我永远都感激吉伯救我。至于他打我的事，随着沙滩上字迹的消失，我会忘得一干二净。”

人人都有痛苦，都有伤疤，动辄去揭，便添新创，旧痕新伤难愈合。忘记昨日的是非，忘记别人先前对自己的指责和谩骂，时间是良好的止痛剂。学会忘却，生活才有阳光，才有欢乐。即使是背叛，也并非不可容忍。能够承受背叛的人才是最坚强的人，也将以他坚强的心志在氛围中占据主动，以其威严更能够给人以信心、动力，因而更能够防止或减少背叛。

哲人说，宽容和忍让的痛苦，能换来甜蜜的结果。历史上这类故事不胜枚举。孟尝君原谅了一个同其小妾私通的门客，并举荐和资助他去卫国担任要职，后来此人冒生命危险谏止了卫君攻打齐国的打算。汉光武帝诛杀了一个谋反者，收缴到群臣中与此人相勾搭的书信千封，不予追查而付之一炬，以使群臣放心。

北宋时守边大将钟世衡也有过类似孟尝君的举动。当时胡人中有一个部落最强大，其首领叫苏慕恩。一天，钟世衡请苏慕恩来饮酒，还让一个长得很美的侍妾在一旁劝酒。席间钟世衡有事进了里屋，苏慕恩酒入情怀，乘机调戏侍妾。钟世衡出其不意，突然转身出来，捉住了苏慕恩。苏慕恩十分惭愧，请他原谅，钟世衡却笑着说："你要她？那就送给你了。"从此，凡胡人部落中有怀二心的，钟世衡都让苏慕恩去讨伐，每次都大胜而归。

宽容，是"行到水穷处，坐看云起时"的优雅闲适，是"渡尽劫波兄弟在，相逢一笑泯恩仇"的包容忍让。是对仇怨释怀，给仇敌以宽恕。

从前有一个富翁，他有三个儿子，在他年事已高的时候，富翁决定把自己的全部财产留给三个儿子中的一个。可是，到底要把财产留给哪一个儿子呢？富翁想出了一个办法：他要三个儿子都花一年时间去游历世界，回来之后看谁做到了最高尚的事情，谁就是财产的继承者。

一年时间很快就过去了，三个儿子陆续回到家中，富翁要三个人都讲一讲自己的经历。

大儿子得意地说："我在游历世界的时候，遇到了一个陌生人，他十分信任我，把一袋金币交给我保管，可是那个人却意外去世了，我就把那袋金币原封不动地交给了他的家人。"

二儿子自信地说："当我旅行到一个贫穷落后的村落时，看到一个可怜的小乞丐不幸掉到湖里了。我立即跳下马，从河里把他救了起来，并留给他一笔钱。"

三儿子犹豫地说："我，我没有遇到两个哥哥碰到的那种事，在我旅行的时候遇到了一个人，他很想得到我的钱袋，一路上千方百计地害我，我差点死在他手上。有一天我经过悬崖边，看到那个人正在悬崖边的一棵树下睡觉，当时我只要抬一抬脚就可以轻松地把他踢到悬崖下，我想了想，觉得不能这么做，正打算走，又担心他一翻身掉下悬崖，就叫醒了他，然后继续赶路了。这实在算不了什么有意义的经历。"

富翁听完三个儿子的话，点了点说道："诚实、见义勇为都是一个人应有的品质，但还称不上是高尚。有机会报仇却放弃，反而帮助自己的仇人脱离危险的宽容之心才是最高尚的。我的全部财产都是老三的。"

一个真正高尚的人，他不会睚眦必报，也不会以牙还牙。相反，他能化解仇恨，驱散流言，消弭争执，能容得下别人的嘲笑、朋友的背叛、敌人的陷害，能原谅所有曾经伤害过他的人。

古人云："是以泰山不让土壤，故能成其大；河海不择细流，故能成其深。"的确如此。泰山因为不拒绝细小的土壤而成就了自己的巍峨，河海因为不拒绝细微的溪流而造就了自己的博大。人也是一样，天之大，世界之大大不过人的包容之心。

宽容是一种博大精深的境界和意境，是人的涵养，它是处世的经验，待人的艺术，为人的胸怀。始终相信，有宽容之心的人，纵是经历沧海桑田，也能安然无恙。

11. 做自己的心灵导师

社会很复杂，而人性的弱点有很多，我们稍不留神，就会被各种烦恼所困扰。人们一直在思考人生的真谛，一直在探求一种最佳的状态，一直在找寻真实的自我。在这种探索与完美化的过程中，人的心灵可能有的时候会出现倦怠，生气、抱怨、忧郁、敌视、斤斤计较、焦躁难安等情绪会一拥而上，将你紧紧包围，让你喘不过气来，无法找到出口。每当这个时候，你想到的是一个人大醉一场，蒙头睡上几天几夜？抑或与朋友一起漫步郊野，高歌一曲，再不就是时时将苦闷憋在心里，将怒色挂在脸上，将怨恨的洪水倾泻给无辜之人？

一位新毕业的大学生，花费了很大的精力找到了一个海上油田钻井队的对口工作。在海上工作的第一天，领班要求他在限定的时间内登上几十米高的钻井架，把一个包装好的漂亮盒子送到最顶层的主管手里。他拿着盒子快步登上高高的、狭窄的舷梯，气喘呼呼且满头是汗地登上顶层，把盒子交给主管。主管只在上面签下自己的名字，就让他送回去。他又快跑下舷梯，把盒子交给领班，领班也同样在上面签下自己的名字，让他再送给主管。

他看了看领班，犹豫了一下，又转身登上舷梯。当他第二次登上顶层把盒子交给主管时，浑身是汗，两腿发颤，主管却和上次一样，在盒子上签下名字，让他把盒子再送回去。他擦擦脸上的汗水，转身走向舷梯，把盒子送下来，领班签完字，让他再送上去时他有些愤怒了。他看看领班平静的脸，尽力忍着不发作，又拿起盒子艰难地一个台阶一个台阶地往上爬。当他上到最顶层时，浑身上下都湿透了，他第三次把盒子递给主管，主管看着他，傲慢地说："把盒子打开。"他撕开外面的包装纸，打开盒子，里面是两个玻璃罐，一罐咖啡，一罐咖啡伴侣。他愤怒地抬起头，双眼喷着怒火射向主管。主管又对他说："把咖啡冲上。"年轻人再也忍不住了，"叭"地一下把盒子扔在地上，"我不干了！"说完，他看着扔在地上的盒子，感到心里痛快了许多，刚才的愤怒全释放了出来。

这时，这位傲慢的主管站起身来，直视他说："刚才让您做的这些，叫作极限训练，因为我们在海上作业，随时会遇到危险，所以要求队员身上一定要有极强的承受力，承受各种危险的考验，才能完成海上作业任务。可惜，前面三次你都通过了，只差最后一点点，你没有喝到自己冲的甜咖啡。现在，你可以走了。"痛苦压抑了人性本身的快乐，但是成功往往就是在你承受常人承受不了的痛苦之后，才会在某个方面有所突破，实现最初的梦想。可惜，许多时候，我们总是差那一点点……

很多时候人会莫名其妙地焦躁和怨恨，自己也说不出这是为何；有的时候也会莫名地变得沉默起来，这沉默之后的不是深沉而是压抑。这是心灵向你发出信号，这是在提醒自己考验来了，该管理自己的情绪，清理心灵的垃圾了。

人们的烦恼和怨恨百分之五十是日常生活中的小事，百分之二十是杞人忧天，百分之十二，实际上并不存在，剩下的百分之十八，则是既成的事，再怎么担心烦恼也没用。假如你每天呐喊二十遍"我用不着为这点小事而烦恼""我谁也不怨恨"，你将会发现心里有一种不可思议的力量。不妨试试看，真的很管用。

歌唱家詹姆士应邀来到法国里昂，去参加一个演唱会。他提前一天赶到里昂，晚上就在歌剧院附近的一个小旅馆里住了下来。

由于旅途的劳累，詹姆士感到非常疲倦。为了不影响第二天的演出，他很早就入睡了。过了不久，就被隔壁房间传来的婴儿的啼哭声吵醒了。原以为孩子哭几声也就停止了，但万万没有想到，那个孩子竟大哭不止。

詹姆士用被子蒙住头，可那啼哭声仿佛是具有魔法的歌声，颇具穿透力，仍不停地在他耳畔萦绕，这让詹姆士非常苦恼。折腾了将近一个小时，詹姆士忍不住披着被子在地上踱步，心中一次次祈祷着孩子的哭声赶紧停止。

但是那个孩子好像根本没有要停止的意思，而且每一声都同第一声一样洪亮，在无奈之下，詹姆士索性把孩子的哭声当成是歌声来听，不知不觉地他竟佩服起那个孩子来：我唱歌到一个小时后嗓子都要沙哑了，但这个孩子的声音为什么会依然嘹亮？难道小孩子有什么特异的方法吗？

如此一想，詹姆士立刻变得兴奋起来，急忙回到床上，将耳朵贴在墙上，细心地倾听起来。他发现小孩的哭声竟然很有学问：孩子哭到声音快破的临界点时，会把声音拉回来，这样声音就不会破裂，这是由于孩子哭的时候是用丹田发音而不是用喉咙。又听了一会儿，詹姆士也开始学着用丹田发音，试着唱到最高点，永远保持第一声那样洪亮。

詹姆士练了一个晚上。第二天的演唱会上，他以饱满的声音征服了观众，后来成了伟大的歌唱家。

我们每个人都有一位心灵导师。这位心灵导师可能是你的灵魂，也可能是你的潜意识。心灵引导可以缓解人的痛苦、压力，提升人体各方面的潜能。

生命的旅途中，人的心灵总是会出现倦怠和烦躁，甚至停滞不前。此时，我们要学做自己的心灵导师。每一个内心强大的人，总能在矛盾中挣扎，在痛苦中解脱。挣扎痛苦过后，从中解脱出来。不断地接受情绪、心态突变的考验，须懂得自我反省、自我管理、自我调整，最终达到“悟”的境界而形成自己的思想。心灵导师帮你解决实际的生活难题，帮你解开情感上的心结，在你对人生感到迷茫的时候，帮你客观分析，让你看清自己，迅速开启心智之门。

第四章　过客匆匆，只因我们没有为爱停留

生命中，有些人来了又去，有些人去而复返，有些人近在咫尺，有些人远在天涯，有些人擦身而过，有些人一路同行……爱，是情感的交织，是个性的投缘，是彼此理解，互相尊重，不缠绕，不牵绊，不占有，然后相伴，走过一段漫长的旅程。

1. 慢慢爱，不慌张

当早恋、晚婚、闪婚、剩女、宅男这些词儿同时出现在我们生活中的时候，很多人都无所适从了，对爱感到迷茫，也越加让人摸不着爱情的方向。“快”时代的婚恋观笼罩着人们的婚姻，演绎着各种悲欢离合的故事。

早恋，很多时候都是男孩女孩过早地偷吃了禁果之后一方被踹，却偏偏要将爱情进行到底。对于被踹者，或许会因为深爱后的打击对爱情再无战斗力；对于踹人者，马拉松般的爱情丧失了对爱情的所有憧憬和激情。虽然早恋也有成功的案例，但对年轻人来说，慢慢爱，不慌张，也许爱情的果实会更甜美一些。

晚婚最常见的现象是一直谈朋友，却不愿意提及婚姻。堂而皇之的借口是为了找一个真正爱的人。

于欣是捧着琼瑶，读着三毛长大的。十几岁时，她希望自己成为翁美玲，渴望将来找到一个施瓦辛格一样的男人做老公。她偷偷穿上妈妈的高跟鞋，涂上口红站在镜子前臭美。她是个乖孩子，大四毕业的时候还没有谈过恋爱，梦想里的爱情是《简·爱》的瑰丽单纯，以为爱一个人就是一辈子的事情，从一而终，不离不弃。

可是真正的爱情却可望而不可即。25 岁的时候她开始和谈了两年的男友同居，可 3 个月还不到，他就出国了。半年后，她还在努力考托福，准备出国去找他的时候，他打来电话，说有了新女友。他的话很现实，他说他无法忍受异国他乡一个人的寂寞和孤苦。他说，是距离把我们分开了，爱对于我们来说已经没有了任何实际意义，所以，还是各自寻找温暖吧。一个女人全身心的付出，竟然敌不过时间和空间的阻隔。

分手后，于欣病了整整一个星期，躺在床上不吃不喝，几欲自杀。此后整整半年，她都恍恍惚惚，直至她遇到了文达。文达无微不至的关怀和照顾，让她终于找到了一根救命稻草，重新感觉到了爱情的甜蜜。可是同居半年后，于欣才发现，原来文达隐瞒了她很多东西，比如他曾经结过婚，后来离婚了；比如他没有固定工作，虽然他跟于欣解释了很多次，之所以不告诉她，是怕伤害她，可是隐瞒本身就是一种伤害。于欣选择逃离。

现在，于欣还在谈恋爱，男友是他们部门的年轻同事，他是 80 年代生的人，很有朝气。于欣喜欢他的年轻、他的活力，但令她奇怪的是在恋爱和婚姻观念上，他是那样的“守旧”。他喜欢按部就班地恋爱，然后顺理成章地结婚。他的打算就是在 30 岁之前结婚生孩子，这和于欣的想法完全不同。她认为人生除了结婚生孩子还有很多可以做的事情，比如交友、旅行、开公司，实在没事情还可以去做志愿者，去乡村支教，到医院做义工，多有意思啊。可他却说那些事情他上中学大学的时候早就做过了。有时候于欣甚至觉得他很土，人生就这一次，感情的事情谁也说不准，与其委屈自己，让自己受伤害，还不如不结婚。再说人生的路长着呢，前面还有很多未知的风景，莫如安静地等待，谁知道幸福会藏在人生的哪个路口呢？

其实，导致晚婚的原因除了曾经情感受伤害等心理因素外，更多的是在物质上的考量和纠缠，特别是对男人的要求高。人们普遍认为一个男人没有事业、金钱就不配给心爱的她一个完整的家。对于女人，到了晚婚年龄，就会特别看重物质，一旦男人没有达到自己的物质要求，就会对爱情泄气。有不少人即使勉强结了婚，也会因为物质上的需求，上演一出出婚外情。

闪婚则更多是对恋爱婚姻成本的考量。首先是诚信成本。在“快”时代虽然各种各样的交友网站越开越多，网络、手机等通信工具也为人与人之间的交往提供了便利，但是大量的事例证明，不可信任与不被信任成了一种常态。因此，以交友为目的的活动往往表现为一种情感的宣泄。其次是物质成本。在错误观念的主导下，婚姻成了一种买卖交易。“男才女貌”之风不断受到追捧和炒作。“丈母娘经济”、富豪相亲、女大学生愿嫁富二代，甚至女大学生不反对被包养等报道，一再强化当代两性婚恋交往的高昂物质成本。而对“裸婚”、“婚前财产公证”等的持续争议，也体现出当代婚姻物质属性被凸显的事实。

闪婚还有一个原因就是饥不择食。有时候，饥不择食，也是值得同情的。实在太寂寞了，那个人原本不是太好，从前根本不喜欢他，然而“饿”的时候，感觉他突然变得好看了、可爱了。由于相当一部分女性仍然认为牺牲自己、“无私奉献”才是最高美德，所以往往在婚姻不幸或失败之后难以承受惨痛的后果。有些女性虽然在婚姻之中得不到幸福甚至遭受暴力，却愿意隐忍而不愿离婚。

闪婚还需靠激情推动。林先生与新女友认识才一个半月就开始准备操办婚礼。他认为自己这回的选择不能说是草率。他以前不是没有跑过“爱情马拉松”。他和前任女友相恋了 5 年，他们几乎是从同学时就开始确定了恋爱关系。这 5 年的时间，从如胶似漆到逐渐疏远分离，他总结了失败的原因，是彼此都太过于了解了。恋爱谈的时间越长，双方的缺点暴露得也就越多，而好感或吸引力反而大大减少了。最后，他们的感情无疾而终。林先生认为，从恋爱走到婚姻，很大程度是要靠双方的激情完成的。如果双方熟悉到激情消融，那结婚确实少了最大的原动力。

然而，婚姻虽然可以靠冲动和激情来完成，但在追求高效率低成本的前提下，爱情的花朵恐怕很难结出饱满的果实。爱情，本应该经历从相识、相知，到相爱的漫长过程。而“快”时代的今天已经把这些步骤简化掉了，是爱情的悲哀还是时代的需求？是对生活的挑战还是没有耐心去寻求长跑式的爱情？

在飞速发展的“快”时代，“爱”更需要我们拥有一种“慢心态”。

2. 一眼回眸，尘缘遇了谁

佛说，前世五百次的回眸换来今世的一次擦肩而过。人间的一切际遇都是缘。

究竟什么是缘?

有人说，擦肩是缘。某一天走在街上，迎面遇到她。你恍惚认识了她几辈子，怔怔地愣在那里。擦肩而过的她，忽然转身对你回眸一笑，令你怦然心动，看看娉娉婷婷远去的她，心情久久不能平静。

有人说，相识是缘。本来相隔很远，在某一天某一个交叉点上，你来我往步履匆匆的脚步停在了一起，从此开始并肩携手走过一段人生之路。

也有人说，相伴是缘。或是青梅竹马，或是“千里姻缘一线牵”。两颗心碰撞出了火花，俩人同时有了奇妙的感觉，这种感觉是“梦里寻她千百度。蓦然回首，那人却在灯火阑珊处”。

一个人一生中有很多很多的际遇，姻缘往往最难得，也最珍贵。从相遇到相识，从相识到相爱，从相爱到相许，从相许到相守，彼此认定对方就是要陪伴自己走完一生旅途的那个人。为了这份相守相伴，甘愿吃尽千般苦，受尽万般罪。

有个佛教故事说：

一个年轻貌美的少女，出身豪门、多才多艺，她家的门槛都快被媒婆踩断了，她仍不想出嫁，因为她始终都在盼望如意郎君的出现。

有一天，她去庙会散心，在万头攒动的人群中，瞥见一名年轻男子，心中确知就是她苦苦等待的人。然而，场面杂沓拥挤，她无论如何都无法靠近那人，最后眼睁睁地看着心上人消失在人群中。之后，少女四处寻找此人，但这名年轻男子却像是人间蒸发，再也没有出现。落寞的她，只有每日晨昏礼佛祈祷，希望再见那个男人。她的至诚，感动了佛心，于是现身遂其所愿。

佛祖问她："你想再看到那个男人吗?"

"是的，哪怕见一眼也行!"

"若要你放弃现有的一切，包括爱你的家人和幸福的生活呢?"

"我愿放弃。"少女为爱执着地说。

"你必须修炼五百年，才能见他一面，你不会后悔吧?"

"我不后悔!"她依然斩钉截铁地说。

于是女孩变成一块大石头，躺在荒郊野外，四百九十九年的风吹日晒，女孩都不以为苦，难受的却是这四百多年都没看到一个人，看不见一点点希望，才让她面临崩溃。最后一年，一个采石队来了，相中了她，把她凿成一块条石，运进城里。原来城里正在建造石桥，于是，女孩变成了石桥的护栏。就在石桥建成的第一天，女孩就看见了那个她等了五百年的男人。他行色匆匆，很快地走过石桥，当然，男人不会发觉有一块石头正目不转睛地望着他。这男人又一次消失了。

佛音再次出现："满意了吗?"

"不！为什么我是桥的护栏？如果我被铺在桥的正中，就能碰到他!”

“想碰到他？那你还得修炼五百年!”

“我愿意!”

“很苦，你不后悔?”

“不后悔!”

这次女孩变成了一棵大树，立在一条人来人往的官道上。每天都有很多人经过，女孩每天观望，但这更难受，因为无数次的希望总是换来无数次的失望。若非前五百年的修炼，女孩早就崩溃了！日子一天天过去，女孩的心逐渐平静了，她知道，不到最后一天，他是不会出现的。又是一个五百年啊，最后一天，女孩知道他会来的，但她的心竟然不再激动。他终于来了！还是穿着她最喜欢的白色长衫，脸还是那么俊美，女孩痴痴地望着他。这一次，他没有匆匆走过，因为，天太热了。他注意到路边有棵大树，休息一下吧，他想。他来到树下，靠着树干，闭上双眼睡着了。女孩碰到他了，而他就紧靠在她的身边。但是，她无法向他倾诉这千年的相思，只有尽力把树荫聚拢，为他遮挡毒辣的阳光。男人只小睡片刻，因为他还有事要办，他拍拍长衫上的灰尘，动身前一刻，他回头看了看，又轻轻抚摸一下树干，然后，头也不回地走了！

当那人逐渐消失的那一刻，佛祖又出现了。

“你是不是还想做他的妻子？那你还得修炼。”

女孩平静地打断了佛祖的话：“我是很想，但是不必了。”

“哦?”

“这样已经很好了，爱他，并不一定要做他的妻子。”

“哦!”

“他现在的妻子也曾像我这样受苦吗?”女孩若有所思地说。

佛祖微微点头。

女孩微微一笑："我也能做到的，但是不必了。"

就在这一刻，女孩似乎发现佛祖微微地吁了一口气。

女孩有些诧异："佛祖也有心事？"

"这样就好，有个男孩可以少等你一千年了，为了看你一眼，他已经修炼两千年了。"佛祖脸上绽放着笑容。

这个故事是说，千百年的修炼，才有了今生的情缘。茫茫人海，谁是谁最美的相遇？你为谁停留？谁为你守候？或许这一生，总有一抹眷恋是你的千回百转，总有一个人是你心底里的永远，总有一段情是你刻骨铭心的回眸。也许有情的无缘，也许有缘的无分，也许相爱了却要分离，牵手了又要放手。缘来之不易，全靠你自己的修炼，不可奢求，不可亵渎，唯有珍惜，一切因缘而始，又因果而终，因果似乎无法由自己来掌控，唯有保持一颗心自由自在。

3. 爱，就说出来

暗恋一个人是一件独自快乐、亦独自痛苦的事。许多人苦恼自己不会表白。表白在爱情中的作用非常大。表白可以看出一个人的文采、勇气、趣味和爱的浓度。一个不好的表白会让爱情失之交臂，而一个充满激情与创新的表白将带来不可估量的作用。传统上的海誓山盟还是爱人们不可缺少的爱的纽带。爱情不同于亲情和友情，缺乏时间和血缘的考验，爱情更是一种体验，一种直觉，人们在认识不清的时候往往归结为缘分。如果他们什么都很合适，就是他或她缺乏一种感觉，就是缘分不到。如果他们在别人看起来不合适，而就是有一种美好的感觉，那么也是缘分到了。爱真的需要勇气，喜欢就说出来。表白就是创造这种感觉的最佳办法，所以，沉浸在爱的折磨里的人们，要注意做好你的表白。

其实每个陷入爱的人都是天生的诗人，都会说一些浪漫的情话。不会表白的人，可以参考别人的表白，看看别人都对爱人说些什么。傻傻的话在爱人看来是天籁之音，承诺一生无论如何都是美好的，爱情的不可把握性正是其需要永恒的原因。

喜欢一个人，是很幸福的事，可是当你喜欢对方到一定的程度却不敢表白的时候，这种幸福也伴随着痛苦。暗恋一个人时或许有一些期待的甜蜜，但是也附带有压抑、期待、憧憬、无奈、失落、紧张等情绪，很容易让人觉得累。这或许就是爱情萌动的隐痛。很多恋爱中的人对此束手无策。

谭波在工作了两年之后遇到了生命中第一次让他动心的女孩小雯。

那时，谭波因为出色的工作表现被提拔为部门经理。小雯刚毕业，被招聘到谭波所在的部门做文员。在日渐熟悉的过程中，谭波渐渐被小雯吸引了。她不仅长得漂亮，而且谈吐文雅，做事端庄，更难能可贵的是，她与谭波也有共同的爱好——看电影。他们在一起更是有说不完的话，即使有时候两个人什么也不说，但谭波也能感觉到一种温馨和踏实。

有时候小雯请假没来上班，谭波就会不停地搜索她的踪影，希望能够见到她，他知道，这是一种爱情的信号。谭波对小雯的感情也越来越深，她的一举一动时刻都牵引着谭波的心，看到她与异性玩也会吃醋。

谭波犯难了，因为他不知道小雯心里是怎么想的，而且自己还是她的上司，万一遭到她的拒绝，面子上也过不去。万一她被自己吓住了，从此再也不理自己了，那还不如现在这样，至少可以每天见到她，默默地看看她。

直到有一天，谭波看到小雯身边多了一个男人，这个男人每天下班的时候都会到公司门口接她。不久，小雯辞职离开公司了。谭波的心也被小雯带走了，每天无精打采。两人还有联系，但都是节假日的短信问候。

一次坐公交车的时候，谭波竟然无意间看到了小雯。

看着自己曾经暗恋过的女孩，已经嫁为人妻，谭波不禁一阵心酸。于是，谭波邀请小雯一起吃顿饭。小雯答应了。借着酒劲，想起曾经的心动，谭波把藏在心中的秘密说了出来。

小雯听了直流泪，她说："那时候，我也很喜欢你。我一直在等你表态，没有等到。当时离开公司时，你也没有对我表露什么，我以为你仅仅只是把我当成一般的同事。后来，家里人给我介绍了一个男友，开始我并不喜欢他，可是他对我很好，慢慢地，我被他感动了，我们就结婚了。"

听到小雯的一席话，谭波震惊了，痛苦地想："原来她也是喜欢我的！为什么当初自己不鼓足勇气跟她表白？为什么？"可是，一切都来不及了。

谭波因为没有勇气表白，失去了一段爱情，错过了一个喜欢的女孩，等到自己追悔的时候，却来不及了。其实，给自己一点勇气，一点信心，勇敢地把"爱"说出口，也没有什么大不了。即使遭到对方的拒绝，至少对于自己来说，不再会有什么遗憾了；也或许，你的人生会因为你的表白和对方的接受，而幸福一辈子。

与其被动等待虚渺的所谓缘分，不如横下心付出勇气——把自己的心交付那个可靠的人，一起营造自己的缘分。

有一个男孩爱上了一个女孩，但两人差距很大，男孩长相平平，是那种很快就能在人堆里淹没的人，而女孩却靓丽可人。男孩知道这个差距，也从不对女孩说爱，他只是默默地关爱着女孩。女孩心知肚明，虽然她对他也有那么点好感，但并不想接受他，因为她觉得自己应该找到更优秀的恋人。

冬天的一日，女孩约男孩当面谈，想把这事捅破了。男孩准时来，并带了一塑料袋的东西。打开一看，里面有新买的指甲剪、棉鞋垫，还有冻疮膏。女孩为男孩带的这些东西感到莫名其妙，说："你带这些东西给我干什么？"

男孩心疼地说："看看你的手就知道了，你需要它们。"

原来前一天他和女孩见面的时候看到，女孩的指甲长了，而且她的手上生了冻疮，虽是很小的一块红肿，也没能逃过他的眼。还有，他觉得女孩的皮鞋里面太单薄了，脚在里面怎么会暖和呢？女孩被他的“爱情表白”弄得感动不已，之前准备好的话怎么也没能说出口，并最终决定跟他相处一段时间。

他们的相处表明，女孩的选择是正确的。因为他虽然其貌不扬，但是对她却是贴心地呵护。

一年后，他们结婚了。结婚时，女孩的朋友问：“为什么在那么多追求者中选择他？”女孩回答说，若不是他敢于表白自己的心迹，就算当时他跪下来求她，或是，买了昂贵的礼物送她，她绝对不会跟他继续发展下去的。他打动她的，不是靠什么花招，而是靠朴实的真情告白。

朋友笑着打趣她：“说不定，这就是他独特的表白方式！那些指甲剪、冻疮膏以及鞋垫只是他表白的工具而已，呵呵！”女孩听了这话，一怔，随后幸福地一笑：“不管怎么样，我喜欢他的这种表白方式！”

还记得有这么一句话吗？“说了你不一定后悔，不说你一定后悔。”许许多多看似不可能的男女，最终结成了幸福的婚姻，只是因为他们敢于表白。许许多多本不应该的错过，最后却成劳燕分飞，只是因为彼此都爱在心头口难开，再回首已是百年身。

勇敢地向心仪的她（或他）表白自己的心意吧，无论你是以何种的方式，给你的期待一个结果，也给你期盼的爱情一个机会！

4. 爱，并不是没有条件的

古往今来，无数诗人、文学家似乎都在歌颂无条件的爱。电影、戏剧诠释爱情，也以无条件的爱为极致。只是，这些歌颂、山盟与海誓，都是人们的主观愿望，并不能全然地落实到真正的生活中。也正是因为这只是一份心愿、一种期许、一些在现实中不大容易发生的现象，才使得诗人、文学家们通过艺术，用想象将之填满。

说爱情是没有条件的，是文学家心灵的“超脱”、思想上的“美”、感情领域的“追寻”以及对爱情的一种“礼赞”。

可以说，希望爱情没有条件，希望爱情天长地久，希望相爱直到永远，不但是文学家理想中的完美，也是每个人的向往，文学家只是通过文字将它表达出来，替众人说出了心中的话而已。

然而，事实的真相却远远不如人们希冀的那般美妙。

沈晨今年31了，还没有结婚，也没有啥钱，是一名医生。在好些人眼里，医生都是比较有钱的，但是真的不是那样，沈晨的几个懂易经的朋友告诉他：“不到33岁攒再多的钱都不是你的。”

沈晨想人定胜天，中途换了别的工作，拼命赚钱。但是人算不如天算，那时候年经好胜的沈晨，被大城市繁华的生活影响，不甘于现状，于是想用自己的小钱换来更多的钱。没有经验的沈晨做上了跨行投资，结果一亏再亏。中间也遇到一个心仪的女孩，他们很快在一起了。不到一年半，沈晨又变得一无所有，女朋友也离开了他。

他再次选择做回医生，用工资投资自己学习，考过了二级营养师证。不久，一个同事给他介绍了一个女朋友，相互印象都感觉不错。无论是性格还是相貌正是沈晨喜欢的那种。慢慢地，她开始问他的经济状况，沈晨也如实告诉她，她叫他先买个房子写上她的名字，然后就结婚。沈晨说我现在还不具备买房子的条件，如果买房还得等 3 年，两人慢慢地就疏远了。她给出的解释是，在他身边没有安全感，没有房子。还好沈晨没有为此事伤心很久，经过几天的调整便恢复了。沈晨客观地分析了问题的所在，这是社会发展的现实，但是现在他还是不太明白，钱在爱情里面算什么？

他的女朋友喜欢上有钱人了，但是她还是对沈晨说，我不是喜欢他的钱，而是喜欢他的人（这男人比她大 15 岁）。也有几个女性对沈晨说，只要你疼我爱我，没有钱没有关系，我们可以一起努力（这是一部分青年女性最爱说的话），爱到最后，还是忍不住说出了心里话，你先买个房吧，买个车吧，我们就结婚。

所以，沈晨打定主意，等到有了房子在考虑婚姻，他的爱情也不能免俗啊。沈晨几场恋爱下来，得出了这样的结论：你可以什么都不要，但是你要他爱你，这本身就是条件。我们每一个人都是有条件地被爱着，也是有条件地爱着别人，慢慢地就会明白，我们所能做出的努力，就是尽量使自己更具备条件去被爱，同时学会忘记一些条件去爱一个人。

在现实生活中，婚姻是有条件的，选择自己的另一半，都希望在精神与物质上让自己更加丰富。但是，有时爱极其脆弱，像一株幼苗，它会变，也许会越来越强壮，也许会死亡。并不是爱情本身在发生着这些变化，而是人性易变、善变、多变以及外在环境的撞击和干扰，常常会使原本娇嫩的爱情受伤、受损。

说爱情是有条件的，可能太残忍、太不浪漫、太令人泄气，但它却是千真万确的事实。一对男女由相识、相知到相爱，看似偶然，其实个中蕴藏着无数奇妙的条件，它包括了年龄、教育程度、种族文化、家庭、个人爱好、相貌、穿着、身材、体态、语言、个性、习惯……许多千奇百怪的特质，每一件都可能是促使你喜欢对方的原因和条件。这些左右了人们的感情，使之产生好感，甚至忽略了其他方面的合适与否。

一见钟情就是这类情形的典型，它只是受了体形、容貌、气质的吸引，未曾考虑到除此以外的条件，一旦移植到现实之中，便会面临种种严苛的考验而趋向破灭。

罗密欧与朱丽叶之所以成为永世不渝的爱侣形象，是因为他们在结婚之前便殉情。假若他们顺利成婚，则不过是一对凡夫俗女而已，甚至不敢保证能白头偕老呢！爱情既是因某种条件而生，那么便应时时使那些条件凸显，让它永远存在，用点心思去发觉自己吸引对方的缘由，也告诉对方你喜欢她哪一点。小心地维护，爱情——真正的爱情才会更美、更久。别让这些现实的条件轻易改变、消失，因为一旦条件不再，爱情就会变质。

5. 爱是门功课，需要不断学习

为什么有人说，爱一个人是世界上最艰难的事情呢？因为爱就是爱着，不是过去时、不是将来时，永远是正在进行时。爱需要我们学习很久，你别指望几天就学会它。

世上一见钟情的事情是有的，但要爱下去，却要走很远很远的路，甚至没有尽头。接下来的事情还得摸着石头过河，渐渐学会爱。

有一对情侣，相约下班后去用餐、逛街，可是女孩因为公司会议而延误了，当她冒着雨赶到的时候已经迟到了 30 多分钟，他的男朋友很不高兴地说："你每次都这样，现在我什么心情也没了，我以后再也不会等你了！"刹那间，女孩终于泪水决堤精神崩溃了，她心里在想：或许，他们再也没有未来了。

同样的事情发生在同一个地点，另一对情侣也面临这样的处境：女孩赶到的时候也迟到了半个钟头，他的男朋友说："我想你一定忙坏了吧！"接着他为女孩拭去脸上的雨水，并且脱去外套盖在女孩身上，此刻，女孩流泪了。但是流过她脸颊的泪却是温馨的。

人生下来的时候都只有一半，为了找到另一半而在人世间行走。有的人幸运，很快就找到了，而有人却要找一辈子。怎样找到自己爱的人，需要学习，怎样留住一个自己爱的人也需要学习，怎样与所爱的人过一辈子更需要学习。

传说有一天，爱情使者丘比特问爱神阿佛洛狄："LOVE 的意义在哪里?"阿佛洛狄回答说：

"L"代表 Listen（倾听），爱就是要无条件无偏见地倾听对方的要求，并且予以协助。

"O"代表 Obligate（感恩），爱需要不断地感恩，付出更多的爱，灌溉爱的禾苗。

"V"代表 Valued（尊重），爱就是展现你的尊重，表达体贴，真诚地鼓励，发自内心地赞美。

"E"代表 Excuse（宽恕），爱就是仁慈地对待，宽恕对方的缺点和错误，接受对方的全部。

爱神对于爱的诠释如此深沉厚重，我们只有用心聆听对方的心声，怀着一颗感恩的心善待对方、面对生活，才会享受到爱的快乐、爱的幸福。你懂得爱了吗，又如何做出诠释?

杰奎琳的 33 岁生日就快到了，丈夫凯恩斯试探着问她希望能得到什么生日礼物，杰奎琳想了一会儿，笑着说："其实不必特意准备什么礼物，如果你能在生日那天帮忙照看一下孩子就好了，这样我就可以出门和姐妹们聚一聚了。"凯恩斯一口答应下来。

到了生日那天早上，杰奎琳照顾好 4 个小家伙吃完早饭，特意又把注意事项向从未照看过孩子的丈夫交代了一遍。凯恩斯听着都有些不耐烦了，催着她赶快去好好享受生日时光。杰奎琳见他如此自信，便放心地出门了。大约到了傍晚时分，享受完温泉水疗的杰奎琳满面春风地回到家中，而凯恩斯正被 4 个孩子团团围住满脸倦容地讲着故事。看到妻子归来，凯恩斯如释重负，连忙递给她一张纸，只见上面记着：给贝莉换尿不湿 3 次；为淘气的蒂娜擦眼泪 8 次；弯下腰来替孩子们系鞋带 11 次；防止他们跑到院子外面去 14

次；应付他们吃东西的要求 19 次；艾里和艾伦要玩小气球，共吹气球 27 个；绞尽脑汁编故事 5 个；更绞尽脑汁地回答他们的“为什么”17 次；还想再做“代理妈妈”的次数 0 次。

晚上，凯恩斯面露愧色地对杰奎琳说：“直到今天我才真正明白一个母亲意味着什么，一个妻子的责任有多重。”而杰奎琳的回答是：“你的理解便是我最好的生日礼物。”

无论是一个外人或是最亲密的朋友，还是最爱的亲人，都得给彼此理解和信任。我们每个人的成长经历各有所异，以对事物的认知，感想与领悟也就会各不相同。爱是需要不断学习的，将它当作人生一门重要的功课，学习如何爱人，如何去倾听、去感同身受，如何去感恩、去付出，如何去尊重、去体贴对方，如何去宽容、去容纳对方的一切。在现实生活之中不断地实践，就如同学习其他技能一般，中间虽然也会发生一些挫折及不顺，但只要持之以恒，不断地学习爱的理论并实际运用在现实生活之中，你的婚姻就会是美满的、幸福的。

人的一生当中时刻都希望能够得到自己最在乎，最亲密，最爱的人的理解、信任和尊重。得到别人的理解是一件幸福和快乐的事，被别人信任就能更能体现一个人的价值，被理解与信任是人一生中不断追求的爱的最高境界。

6. 相爱容易，相处太难

嫁鸡随鸡嫁狗随狗的时代早已过去了，夫妻有争执才是正常的，而“相敬如宾、举案齐眉”不一定是幸福的夫妻，说明没有思想交锋、没有个人观点。正所谓：“相爱容易，相处太难!”

爱情萌生之初都是盲目的，有时候连我们自己都不清楚是否爱对方，对方究竟哪里吸引了自己。但有一点可以肯定如果你喜欢和某人在一起，每天都想见到他，会有一日不见如隔三秋的感觉，至少可以证明你是喜欢他的。当然第一印象很重要，一般来说，绝大部分人喜欢以貌取人。如果对方长得比较帅或漂亮，符合自己的审美，就有了下一步的计划。如果第一次见面就讨厌对方，那基本没戏唱。但有一种人要除外，譬如有些人喜欢穷追不舍，想出各种办法取悦对方，只要是真心的，对方迟早会被他的真心所打动。人是有感情的动物，他都那么热情了，温度都传到对方的心里了，能不动摇吗？很多时候，爱就是一份坚持，正所谓“守得云开见日出”。

但两个人生活在一起后，他们不一定从性格、生活习惯以至处事的方式上都能够非常相投。当他们从最初比较自我的生活之中步入婚姻并且还要一起过下去，这当中一定有相当长的磨合期。这其中包括了他们对事物的看法，对自身的人生观、价值观等等主观意念寻求的某种统一。结婚和恋爱是两种完全不同的概念，因为恋爱往往是浪漫的，而婚姻却是极度的现实。

一对恋人在最初的时候，并不完全了解对方的喜好，亦不知对方的品性，只是在彼此面前乐于表现自己的优点，也把缺点隐藏得比较好。而且，在朦胧的爱的意识里，我们本身就看不到对方的缺点。无论对方做什么，我们顺从得如同一只小绵羊。随着时间的推移，两个人对彼此有了初步的了解，多少给对方的感觉与最初有所不同，这时候有人就开始指责对方的不是了。

一位朋友，觉着老婆越来越懒惰自私，脾气也一天比一天暴躁。因此，他们天天吵架，吵到最后，朋友有了外遇，结果很简单，两人分道扬镳。他的前妻也很快就嫁了。因为没有孩子，他们各自进入新的婚姻都比较顺利和适应。这朋友在婚后，先前的第三者变成了后妻，温情也开始消失殆尽。他的家里，又开始跟以前一样了，动不动就吵声不断，后妻连家务也不做，还得他里里外外收拾。朋友觉得自己命不够好，找的老婆一个不如一个，为此天天唉声叹气。直到有一天，一次偶然的机会，在一个饭局上碰到前妻的现任丈夫。两个男人原本无话，客套寒暄后，几杯酒下肚，他终于忍不住，询问他们的婚姻状况。那男人相貌普通，说话却掷地有声："她是个很好的女人，温柔体贴，家务全包，还那么疼我，对我的亲戚朋友也是该豪爽就豪爽，该关心就关心，这样的女人，真是不多了。"

如果因为两人婚后意见不合、思想、个性、生活习惯差异，不断地争吵，这多半是因为磨合得不够好。时代在变，社会在变，人也会变，思想观念以及人的爱好甚至习惯也会改变。其实，夫妻之间的磨合是一辈子的事。发现对方的缺点后，如果有了反抗的意识，那就需要磨合，再给彼此一个机会。慢慢地，彼此有了进一步的了解，生活里的一些小摩擦，小矛盾，也就慢慢解开了。

这样的情形重复几次，彼此也就慢慢接受了事实。这个时候你肯定会想："他就是那样的人，我没必要与他计较"。这么一来，你心里肯定会平和许多。再后来，我们开始关注对方，想方设法帮助对方改正缺点。此时对方多少有一点不接受你的提议，有点固执己见。或许和你吵一架，冷战十天半个月。心里总会嘀咕这人凭什么要我为他改变，可时间一长，又想通了。知道对方是为自己好，尽量接受对方的提议。我们试想一个人如果不爱你，他会管你吗？我们的精力有限，不会随便花费在一个与自己毫不相干的人身上。事实上我们在乎的人就是我们爱的人，因为只有爱一个人的时候才会处处为对方着想。我们不能盲目地去责怪对方，任何时候我们都要分情况行事，具体问题具体分析。

成为夫妻不难，难的是，能够做一辈子的爱人，心有灵犀，相互地欣赏与珍惜。

7. 有一种爱叫放手

人的这一生，无论是喜是悲，都要一步不停地走到终点。爱情、幸福不是等待它就会来的，有些时候我们需要放弃某些最珍贵的东西，因为放弃也是一种爱。将昨天放在心里，将爱收藏，回首往事，即便痛彻心扉仍无愧无悔。

蔷薇的感情路并不顺利。先生婚前追求了她 8 年，等她答应嫁给他，生了一个女儿之后，这个经过多重考验的男人竟然变心了。

婚前那么多年，不管有多少美女在场，他的眼里只有她。但婚后第二年，就有第三者嚣张地说："他早就受不了你，想要跟你离婚了！"

她不怕遇到这种凶狠的第三者。

蔷薇年轻时自己创过业，自认为识人多矣。在她的经验里，急性子的第三者并不难应付，只要不予理会，任她们怎么挑拨都不动怒。跟她们拖时间，她们不会张牙舞爪太久。由于她们太过歇斯底里，男人会觉得无法再与她们温存。

但没多久，丈夫又有了新欢。这一次是他公司里的女职员。蔷薇找女职员谈判，20 出头的女职员一直对她说抱歉，哭得泪流满面。

每几年都会有一个第三者出现。第八年，她累了。第三者的父亲替已有身孕的女儿讨公道，问蔷薇：“你打算要如何处理?”她终于决定退出。

事业有成的丈夫，还算慷慨地给了蔷薇一笔生活费，让她带着女儿走了。

此后，当好友面临婚姻问题时，总是当军师的蔷薇，常听到她们说：“为了孩子，我不能离婚。”

“这是我最不想再听到的一句话。虽然它也是让我在婚姻里撑了好多年的理由。”她说，“其实，这句话对孩子不公平。时过境迁后，人比较容易客观。仔细思考我当时不离婚的原因，诚实说来并不是为了孩子。真正的理由是，他给了我不必担心柴米油盐的生活，我不想把这样的好处拱手让人。我怕自食其力、怕父母不谅解、怕离婚后受歧视……这些理由最真实。‘为了孩子’只是我的借口。”

她在丈夫第一次有第三者时，已经不爱他了。不离婚的真正原因，并不是为了爱，而是为了面子，为了怕经济上失去保障。“我们天天吵架，相看两厌，还说不离婚是为了给孩子一个健全的家，真是好笑。”

她说得很坦诚，很少有女人敢于承认这一点。这一生，如果有个人让你历经沧桑，受尽命运的颠沛流离，却始终不悔，那是多么多么幸运的事情。

然而，爱情会斑驳、会淡化、会消退、会随风而逝。

对待感情问题要有情商，有智慧，要顺其自然，不要苛求自己，要学会面对。只要曾经真正地爱过、痛过，那份爱，曾经深入骨髓，温暖过一段生命旅程这就足够了。如果他爱上了他认为更合适的人，那是他的权利，自己无权制止，相爱潇洒，分手也潇洒，这才是现代人的爱情风格。既然怀念过去只能意味着痛苦，那么失去了就让它失去吧，没有必要总挂念在心上，不要用爱为自己创造一个地狱，那不是爱的本意。

爱，需要学会放弃。有多少人，站在爱情的十字路口，验证以抉择；有多少人走在爱情的路上，受到痛苦的煎熬。虽然放弃一段感情并不容易，但总要好过在虚无缥渺的爱里，饱受折磨，饱受伤害。其实人生很多时候，想不通就是地狱，想通了就是天堂。

8. 爱，是淡淡的幸福

爱，真的不需要轰轰烈烈。相濡以沫，过着平淡的生活，却拥有幸福的源泉。简单真实的一生是幸福的一生。

一个姑娘和一个汉子成了家，姑娘的口味清淡，汉子无辣不欢。

姑娘常去父母家蹭饭吃。一天，姑娘的父亲做的菜咸了些，母亲一声不响拿来水杯，夹了一筷子菜，将菜在清水里荡一下后再入口。忽然，姑娘从母亲细微的动作里领悟到了什么。

第二天，姑娘在家做了丈夫爱吃的菜。当然，每一个菜里都放辣椒。只是，她的面前多了一杯清水。汉子看着她津津有味地吃着清水里荡过的菜，眼睛里有轻微的湿润。

之后，丈夫也争着做菜。但是菜里面已经找不到辣椒了。只是他的面前多了一碟辣酱。菜在辣酱里蘸一下。每一口，他都吃得心满意足。

为了爱，也为了自己，他们一个坚守着一碟辣酱，一个坚守着一杯清水。他们更懂得怎样坚守一份天长地久，细水长流的爱。

同样还有一个故事发生在公交车上。

晚上，一对上班族男女挤上最后一班公交车。可能因为人多，男的不时地用手臂围住女的，并轻声地问“累不累?”“待会儿想吃些什么？”

只见女的不耐烦地回答：“我已经够烦了，吃什么都还不是你决定，每次都要问我。”

男的一脸无辜地低下头，而后说了令人印象深刻的话：

“让你决定是因为希望能够陪你吃你喜欢的东西，然后看到你满足的笑容，把今天工作的不愉快暂时忘掉。我的能力不足，你工作上所受的委屈我没法帮你，我所能做的也只有这样。”

女的听了后，满怀愧疚地说声“对不起”。男的这才似乎重燃信心地说：“没关系，只要你开心就好。”然后亲吻了她的头发。

幸福究竟是什么？无论你是去物化它还是神话它，对于绝大多数过着寻常日子的芸芸众生来讲，它其实就是一些细节和瞬间，就像草丛中的小花，零星地点缀在我们的日常生活中。遗憾的是有太多人将目光聚焦在遥远的憧憬里，而忽略了自己的身边；有太多人的眼睛只盯着大的幸福，而忽视了平时零碎的幸福。

殊不知所谓大的幸福实在是少得可怜。过去人们将洞房花烛夜、金榜题名时、久旱逢甘霖、他乡遇故知称之为“人生四大喜”。如果以这个为标准来衡量幸福的话，这的确是大幸福，但又有多少人能享有呢？一生当中又有几次这样的幸福呢？人的一生算来算去也就是那么几十年，更多的是在平凡中度过。如果我们一味追求享受大的幸福，恐怕一生可能更多的时候是在苦恼郁闷中度过的。有的人就是这样，一旦追求不到大的幸福，就开始抱怨，认为自己是天底下最倒霉的人，最不幸福的人。到头来，只能与苦恼为伍、与郁闷做伴，多少良辰美景、平凡瞬间，若不用心体味，便会无声地从指间滑过。

学会享受零碎的幸福，就要注意去发现，去细细地品味。其实，人生的幸福是由一个个零碎的幸福组合而成，一点点零碎的小幸福积攒起来，就是大幸福。幸福无处不在，它就潜伏在生活中的每一个角落，每一个瞬间。只要你用心去发现，用心去体味就能感受到。因此，幸福就在于把握现在，珍惜所有。要时时感悟幸福，及时抓住幸福，稍有不慎，幸福便与我们擦肩而过。那样，你只能在回忆中去品味了。

这世上，不是只有烈酒才能醉人，不是只有热恋才会刻骨，有时候，一份清淡，更能历久弥香；一种无意，更能魂牵梦萦；一段简约，更可以维系一生。

9. 爱不仅靠缘分，更要长久经营

有一本杂志上讲述了这样一个故事，一个即将出嫁的女儿问她的母亲：“妈妈，结婚后我要怎样经营我的爱情?”妈妈没说话用双手从地上捧起一捧沙子，这时的沙子在手里是满满的，堆成小山状。母亲把双手握成拳头，马上沙子从每个指缝洒落下来，手中的沙子所剩无几了。此时母亲说：“爱情，当你抓得紧紧的时候它往往会更想跑；反之，它会让你很满意，很幸福。”老人说得很有道理，夫妻之间有很多时候就是这样，你越去强求，就越不容易得到。

聪明的女人会把丈夫的感受放在第一位，即便是他做错事了，她会选择适当的时机轻言细语来说服对方，给配偶一个适当的空间和尺度。不是说距离才产生美吗？如果成天把自己的男人管得太紧，他就有逆反心理。一个家庭就是一个爱情银行，这个银行既可以男人做董事长，也可以女人做董事长，是蒸蒸日上还是濒临破产，要看两个人如何经营？只要两个人悉心呵护，这个银行的资产就会逐年增长。反之，就会越来越枯竭。

很多人大概对于婚姻生活都有某种错误的认识，以为婚姻就是居家过日子，“男主外，女主内”是婚姻生活的一种基本模式；以为婚姻就是放弃自己的独立生活，围着“家”这个小圈子转就行……

其实，恋爱需要浪漫，婚姻更需要在平凡中点缀；恋爱需要理解，婚姻更需要宽容。婚姻不是一桩生意，但也需要像生意一样去经营。当爱情走过热恋到达婚姻殿堂的时候，那些炽热的话语、相互的神秘正慢慢消逝，取而代之的是再平凡不过的小日子了。

柴米油盐酱醋茶这些看似芝麻大的小事成了日常生活的主旋律；公公婆婆、岳父岳母、七大姑八大姨成了“两人世界”中的“第三者”。婚姻中的我们没有办法回避这些，各种关系都要处理妥帖。

两人世界中的矛盾可能因为谁去买菜做饭而发生争吵；可能因为某一次在对方父母、亲戚面前有了“不良态度”而发生冷战；可能因为对方的某次同学或同事聚会而相互猜忌。感情在争吵、冷战、猜忌中日渐疏远。婚姻在争吵、冷战、猜忌中一步步走向死亡。

爱得久了，感情神经总会一点一点麻木。很多人误以为这是爱情消失了，其实不然，就像有人说的：爱情不会消失，爱情只会像金沙沉底。当爱沉底了，你要懂得晃一晃。用现代的说法叫爱情保鲜。

（1）亦真亦假的鼓励和赞美

男女刚刚陷入爱情的时候，必然会互相赞美对方的优点，随着关系固定下来，最初的温度略为下降之后，人们对这种事情就做得少了，尽管两个人仍旧十分倾心于对方，但是已经不会再大声地说出赞美和鼓励的话。如果缺乏真心的赞美和鼓励，那么最初的赞美给彼此带来的美妙感受和感激之情就会大大降低，直接导致的结果就是两人的感情联系变得越来越薄弱。

（2）游戏般的若即若离

两个天天粘在一起的人，会产生越来越多的审美盲点。也许在外人眼里一百分的男女，相处久了，互相的眼里，也顶多只剩了五十分。而一段感情中热度的维持，最需要的则是不断能从对方身上发现新鲜感。举个最简单的例子，天天厮守在一起的人，你不会发现岁月在他身上留下了哪些变化，但经过一段时间分别再重逢，会突然间意识到他跟以前有所不同了。这就是“分离”的力量，也是距离感给爱情补充的能量。

男人，如果你投入她怀中而不是落到她手里，她会让你更着迷；女人，如果你倚靠他的肩膀而不是成为他的俘虏，他会让你更沉醉。

距离产生美，没有距离就不会出现思念。比如必要时外出旅游余兴未尽，思念情绪便会油然而生，只好匆匆返乡。那“小别胜新婚”的老话还是很有道理的，不亲身经历难以体会其中的妙处。

两性间永远保持亲密感，是绝对不现实的。因为任何事物的发展规律通常都不是笔直前进的，曲折是自然现象。爱情好比浩瀚的大海，有高潮就有低潮的时候；又好比美味佳肴，你每天只吃一种菜，早晚有腻味的时候。我们要达到所谓的天长地久，就需要爱情保鲜，而保鲜的最好办法之一，就是必要的时候将自己的爱情适当地存放到冰柜里冷藏，以便给对方一块自由活动的空间，防止将爱情窒息。

（3）装出来的嫉妒

在感情世界里，一个不懂嫉妒的人，就像弹不起来的皮球，令人乏味。适时且恰到好处的嫉妒，可以证明你对他的在意与重视，满足对方的虚荣，比如让男人享受一下被女人“醋劲”宠爱的滋味。

当然，假装嫉妒不是猜疑。无端的猜疑，则会使对方感到被束缚。因此，你可以理直气壮地要求他不准偷看女人或对其他女人笑，但别太疑神疑鬼，任何一点风吹草动就以为他要变心，这种过度的猜疑只会沉淀成感情的阴影，最后扼杀掉彼此的爱。

（4）不较真的吵架

你要获得爱情的鲜美，就要学会争吵。始终相敬如宾的爱情，固然可贵，但是，谁也不敢想象他们如何面对爱情的落潮期。男女朋友或夫妻间发生争执或口角在所难免，吵个具有建设性的架，不但能发泄情绪，还可以进一步增加了解。这需要把握时机和分寸，如果一味地攻击指责对方，甚至又闹又上吊，不仅解决不了争端，反而会惹来厌恶和反感。

发怒吵架要有针对性，而且要收放自如，该闹则闹，该停则停，见好就收，决不恋战，不要陈芝麻烂谷子都翻出来，那样的争吵会成为对方的梦魇。

吵架要给自己留个台阶，给对方留条后路，否则一不小心吵翻脸了，对自己可没什么好处。另外别当众争吵，让他（她）觉得有损面子和尊严。虽然吵架时没有好话，但千万别批评他的家世、学历或人格等无法改变的事实，以免因逞口舌之快，而谋杀了苦心经营的爱情。

人在旅途，肯陪你一程的人很多，能陪你一生的人却很少。请相信，无论世事怎么变迁，婚姻和爱情仍然是最为古老、最为美丽的故事！只要双方都多一份责任，多一点爱心，多一分宽容之心，多承担一份苦难，少一些责难，少一些逃避，少一些计较，用心去经营婚姻，你定能和所爱的人白头偕老！

10. 幸福的真谛

幸福是一种心理感受，每个人对幸福的定义都不一样。

对某些人来说，幸福等于爱情；对另一些人来说，幸福是达成理想；也有人认为，幸福是平实的生活，不在乎完成什么事、和什么人在一起。事业企图心非常强的朋友，几乎把所有的时间与精力都卖给了公司。

杨茹馨每天一踏进办公室，便有开不完的会议、打不完的电话、吃不完的饭局。回家之后，她就像一朵脱水的玫瑰花，干干软软地瘫在沙发上，失去了光彩与活力。

看她把自己折腾成这样，老公心疼之余，也常开玩笑地跟她说："你的老板好幸福，能请到这么美丽能干、任劳任怨的员工！"由于过度疲劳，馨根本没听到老公话里的关心。

那天就像平日一样加班到深夜。杨茹馨的思绪混乱得像大拍卖市场里的衣物，拼命想从里面挑出一件合适的东西，却理不出头绪来。在拿钥匙开门的时候，她看到大门上用胶带黏着一朵干巴巴又垂头丧气的玫瑰花，下面还有一张卡片，写着她的名字。打开卡片，里面写着："老婆，你辛苦了！"

杨茹馨感觉仿佛从嘈杂的叫卖市场，走进温馨舒适的旅馆，整个人顿时放松不少！

很想很想跟老公说声“谢谢你！”可惜老公已经睡了。她轻手轻脚地打开鞋柜，发现里面也躺着一朵容颜憔悴的玫瑰花，旁边同样躺着一张卡片：“亲爱的，祝你生日快乐！”

这才想起，天啊，今天是自己的生日耶！杨茹馨忙到失忆状态，想不起生活中的大小事情！连自己都遗忘的事情，老公还这么大费周折，想到他布置的过程，她觉得眼睛跟鼻头有点酸酸的！走进更衣室，正准备脱下象征专业的套装，她又看到一朵被闷坏的玫瑰花斜斜地别在衣架上，衣架下面吊着一张卡片：“欣赏你的美丽，是我最大的享受！”

从来不知道，老公是如此浪漫的人。究竟是以前粗心没发觉，还是有高人指点老公这样做呢？

太多的惊喜，太多的情绪，让她觉得口渴，想喝点饮料。

站在冰箱前，她的喉头塞满了激动的情绪，因为她看到冰箱的面板上贴着一朵长期失水的玫瑰花，右边的草莓磁铁下面压着一张卡片：“跟你在一起，是我最大的幸福！”

每个人的生活中都拥有这样那样的幸福，如何才能对身边的幸福有一个恰当的诠释呢？于是在茫茫人海里、滚滚红尘中，在油盐酱醋茶构成的琐碎世界里，我们辗转不定、坐卧不宁、寝食不安，时时刻刻寻觅着所谓的幸福，永不厌倦，永不放弃……

很早，他就和她同厂，他是三班倒的工作，她也是，一个月里，只有几天能轮在一个时间段上休息。刚结婚，厂里没房，住的是集体宿舍极小的房子，卫生间、厨房都是公用的。

他早上8点半下班，她8点已经去上班，回到家，桌子上有一张便条：馒头在锅里，趁热吃，抓紧时间休息。下面落的是她的大名。揭开锅盖，馒头还热着。

下午6点半，她下班，他已经走了，桌子上的老地方又有一张便条：晚餐是大饼和粥，还有一碟腐乳，一定要吃完，我去菜市场买菜了。后面是他的姓名。一个钟头后，他回来了，手里拎着蔫蔫的蔬菜。“很便宜。”他说完，急匆匆穿上那件靛蓝色的劳动工作服上班去了。这一天，见面只有两分钟。

添了3个孩子后，他们终于分到一套带厨房的一室一厅，卫生间和洗涮的水龙头仍是公用的，很满足了。仍是三班倒的工作，孩子是大的带小的，她早上8点半下班，他怕孩子们把便条拿来折纸飞机，于是把便条留在碗柜顶上：锅里有煮好的甜酒粑，吃了就休息。我已给大娃说好，让他带弟弟妹妹出去玩。大娃是他们的大孩子。

下午6点半，他下班，饭桌上只有二娃、三娃在等他。他知道，她一定是趁菜市收摊去买廉价的菜。果真，一会儿大娃抱着一堆蔬菜，还有几只小鸡回来，说妈妈上班去了。大娃拿出妈妈用一张报纸边匆匆写就的便条：这是几只母鸡娃，养大后，就可以少买鸡蛋了。落款仍是她的大名。

一晃，孩子们都长大成家了，他和她几十年的三班倒，也终于到了尽头。退休后的生活，倒是可以天天见面，但却更忙了，因为添了3个孙子。一早，她和一堆老大妈们去锻炼身体，回来时做早餐，把孙子送往学校去上课，接着去赶早市买最新鲜的蔬菜。他醒来，冰箱上有张便条：高压锅里有鸡血粥，听说可以治肺病，你多吃点。他很听话地喝完了鸡血粥，然后留张便条，就慢慢逛到花鸟市场。她回来，习惯地看一眼冰箱，上面有张条：我逛花市去，中午晚点回来，你先吃，别等我。果真，下午1点，他才逛回来。从乡下郎中那里买了些治她关节炎的草根根……

秋冬之交，他去菜市场时发脑溢血而逝，非常突然。一辈子，他走哪里都要留张便条，这一次，他却没有先告诉她一声。四天四夜，她都想不通，第五天，家里人来喊她吃饭，却发现，她睡在床上已仙逝了。

在他们老式的衣柜里，满满一大袋的便条，什么样的纸张，什么样的形状都有，淡淡的，都是些琐事，一张张看完，让人泪流满面。

幸福，就是找一个温暖的人过一辈子。生活中对幸福的错觉太多太多，导致我们整日在疲于奔命中时刻寻觅着幸福的真谛，却不知换个角度看看，眼前的人，当下的幸福。珍惜吧，珍惜爱你的人，珍惜在你身边一直保护你，一直把你当宝贝的人。那个人真的很珍贵。他（她）在你身边的时候，你并不知道你真的那么爱他（她），甚至以为自己得到的爱护都是理所应当的，很少意识到他（她）的重要，有时候对他（她）任性发脾气，有时候会觉得疲倦，有时候会觉得缺少激情，但当你再没有他（她）在你身边唠叨，没有人管你，没有人在乎你的病痛时，才会突然发现，失去了那个自己其实一直最爱的人。

第五章　水滴石穿，罗马不是一天建成的

成功不在于是否拿到好牌，关键在于能否将手中的坏牌打好。很多人的实践都证明，准备得越多，离成功就越接近。要知道，即便是灵感一现，也是苦思的结果。慢慢来，不怕慢，就怕站，谁都不知道自己能走多远，坚持就对了。

1. 因为“急”，所以想“快”

很多人深信“快，总比慢好”，结果，急着行动往往招来挫折不顺，人生的大部分时间反而花在“救火”上，而不是创造成果上。

还有很多人认为，“慢生活”并不是谁想过就能过的，首先要有足够的资本，最起码“家底”要足够厚实，能够让生活无虞。如果居无房、行无车，一日三餐的温饱都成问题，整天看着别人都在忙着挣钱，自己哪还有心思四平八稳“慢悠悠”地生活啊。所以，“慢生活”虽然令人向往，但要做起来还真的不容易。面临激烈的竞争生存环境，谁又能洒脱地放下工作去享受悠闲的生活呢?

人到三十几四十出头，无论是男人还是女人，如果还一事无成的话心里就会特别着急。

很多人因为“急”而南漂北漂，虽然应该和相隔遥远的父母时刻保持联系，但又害怕接到父母的电话。因为父母上了年纪，说不上哪天的半夜里床头上的电话骤然响起，不是心脏不舒服了，就是血压忽高忽低了。那就要请假回家探望或者将勒紧裤腰带存的那点钱里拿出一些给老人看病。还有，正读初中或高中的儿女也让人操够了心，正长身体的年龄总该要给多加点营养，买鱼买肉以及牛奶等营养品是少不了的。当得知他（她）的成绩下降或身体不适时更是又着急又心疼。

这个年龄段的人还要讲面子。明知口袋里没有多少钱，明知日子过得紧巴巴的，但还得穿得体面些。没办法，现在的孩子们在一起总会议论某某同学的家长怎么怎么富有；爱人的姐妹们也总会聚在一起讨论谁谁的老公怎么样怎么样风光，面子总是要顾及的。生活清苦但也总要“装”得不比别人太差才行。没有钱怎能不叫人着急？看到别人风风光光，甚至觉得自惭形秽：这个年龄的人不是大款就是正处级或者正科级干部了，别墅早就买了、小车早就开上了，可自己还是开摩托车甚至电瓶车，买房子更是想都没想过……还能比什么呢？没法比！可日子还是要过的，怎么不急？

人一着急，什么事都敢干。想尽办法发财、当官、出名，结果事与愿违，反而惹来一大堆麻烦。因为人们想得到的东西太多，所以感到生活总是不完美。因为人们追求的目标是永远没有止境的，而且这些目标在经济社会浪潮的冲刷下而一再拔高，让人们越来越贪婪，越来越不满足。这种过高的要求又往往不能够实现，所以人们会不顾一切往前冲，导致出现心理问题，甚至精神崩溃。

如果你现在还不成功，或许根本不是你努力不够，极有可能是你准备不充分，要么是方向不对，要么是方法不对。曾国藩曾说：“天下之事，皆是成于从容，败于惶急。”

不要一股脑地往前奔，留点空间和时间休息，或停下脚步重新评估、审视自己，这样你才不会冲过了头，让自己不小心掉进失败的陷阱。

有个伐木工人在一家木材工厂找到一份合适的工作，由于薪资优厚，工作环境也相当好，伐木工很珍惜，也决心要认真努力地工作。

第一天，老板交给他一把锋利的斧头，划定一个伐木范围，让他去砍伐。非常努力的伐木工人这天砍了 18 棵树，老板也相当满意，他对伐木工人说："非常好，你要继续保持这个水准！"

伐木工听见老板如此夸赞，非常开心，第二天他工作得更加卖力。但是，不知道为什么，这天他却只砍了 15 棵树。

第三天，他为了弥补昨天的缺额，更加努力砍伐，可是这天却砍得更少，只砍了 10 棵树。

伐木工人感到非常惭愧，他跑到老板那儿道歉："老板，真对不起，我不知道为什么，力气好像越来越小了。"

老板温和地看着他，接着问："你上一次是什么时候磨斧头的？"

伐木工望着老板，诧异地回答说："磨斧头？我每天都忙着砍树，根本没有时间磨斧头啊！"

俗话说，磨刀不误砍柴工。

忙碌是不懂支配时间的人习惯寻找的借口。当时间不断跑在我们前面时，那不是时光匆匆流逝的现象，而是我们浪费太多时间的事实。

不多花点时间研究砍树的技巧，只会让事倍功半的情况不断发生。

当你从 18 棵树的成绩降低到 10 棵树时，就表示你必须找出时间，磨一磨你的斧子了。

多一点时间准备，多花一点时间增强实力，你才能事半功倍，让每一分每一秒都在你的掌控之中。

2. 成功是心灵的满足

一直以来，我们把成就简化为“赢”。数字化时代，人们又常常列举一大串数字来说明一个人如何成功、如何辉煌。然而，“成就”并不是一组数据和一个“赢”字能概括的，它是个相当复杂而微妙的人生课题。成功永远都不只有虚荣名利这件外衣，它还有一双能让心灵飞翔的翅膀。很多时候，是因为我们在激发自己心灵力量的同时，没有让心灵得到相应的成长，最后当目标完成后，那种心灵的空虚也就随之越演越烈。

那么，人生在世，究竟在追求什么？怎样才算成功？这是一个没有标准答案的难题，一千个人可能会有一千种不同的回答。我们知道成功有很多种定义，有些人终生都在追逐名利，他们生活得很快乐（也许），有些人毕生都在灯红酒绿中沉迷，他们生活得也很幸福（他们自认为）；还有更多的人则在平淡充实、日复一日的工作和生活中度过平凡的一生，这又何尝不是一种成功呢。

但是，真正的成功只有一个，就是按照自己喜欢的方式，去度过人生。也就是说，只有自己才能定义自己是否成功。在这个世界上，每个人都是独一无二的个体，在生命的过程中不可能会有人与你一模一样。

索罗斯在3个月内赚12亿美金；比尔·盖茨在短短几年内成为世界首富；杨致远、张朝阳、丁磊从一无所有到亿万富翁都只用了三四年时间。还有李泽楷，出道后的第一笔生意就赚了3个亿，这个数字，恐怕很多人奋斗一辈子也未必能达到，而对他来说只是做成了一笔生意而已。

所以，你应该有自己的成功标准，更要有自己的生活标准和价值观，因为再多的盲从与模仿都不会成为你的。如果你违背了你的天性，去做你不喜欢做的事情，即使在那个领域做得很成功，你的内心还是不能真正满足，这种时候成功也是一种失败。

至于别人怎么看待你的言行举止，如何解读你的价值，那是他们的事，就让他们去伤脑筋吧！

麦克斯威尔医师曾经描述过这样一次经历：

在罗斯福执政期间，他曾负责为总统夫人的一位朋友做一个手术。

事后，罗斯福夫人邀请麦克斯到白宫去。他在那里过了一夜，据说隔壁就是林肯总统曾经睡过的房间，他实在感到非常荣幸。

那天晚上，麦克斯完全睡不着，因而用白宫的文具和纸张写信给母亲、朋友……

“麦克斯，”他在心里对自己说，“你真的来到白宫了。”

第二天一早起来，他下楼用早餐，总统夫人已经在那里等他了。他开始吃盘中的煎蛋，接着仆人又送来了一托盘的鲑鱼。问题出现了，他什么都吃，就是从不吃鲑鱼。因此畏惧地对着那些鲑鱼发呆。

罗斯福夫人向麦克斯微笑，指着总统先生说：“他很喜欢吃鲑鱼。”

麦克斯考虑了一下，心想：“我是什么人？怎么能怕鲑鱼？总统都觉得好吃了，我就不能觉得很好吃吗？”

于是，他切着鲑鱼，并混着煎蛋一起吃下去。结果，他从下午开始就浑身不舒服，一直到晚上仍然恶心想吐。

后来，麦克斯一直思索，这件事有什么意义呢？

他在著作《心灵的慧剑》中写下了自己的感想："很简单，其实我一点也不想吃鲑鱼，而且根本也不必吃，但是，我却为了附和总统而背叛了自己。虽然这是件小事，很快就过去了，可是换个角度想，这不正是许多人为了成功最常碰到的陷阱之一吗？"

成功是心灵的满足，而不只是做成了某些事。比如我们大家都很熟识的"牛顿"，他年轻时，对科学无限"热爱"，通过不懈的努力，终于让"牛顿三定律"问世。当取得成就后，这一切却对他的心灵起了反效果。心灵受到宗教信仰制约的牛顿，最终将一生的成就归于"上帝之手，第一推动"，彻底否定了自己一生的努力。

人生本就是一个复杂多变的经历，走着走着，我们就忘记了自己是谁，忘记了工作的目的，活着的目的。真正成功的人生，不在于成就的大小，而在于你是否努力地去实现自我，喊出自己的声音，走出属于自己的道路。这样，追求的目标也不会再只是那么现实化、物质化，而多了很多灵性。

3. 世上没有走不通的路

西方有一句闻名于世的谚语："条条大道通罗马"。这不仅说明罗马的交通发达，是世界的中心，还把到达罗马比喻为成功。条条大道通罗马也就是说成功的道路有千万条，不要一条道奔到黑，不撞南墙不回头，要选择适合自己走的路。

卡耐基小时候，曾梦想要成为一名足球健将。一位大学教练告诉他，这个目标他不会达到，而且不可能达到。卡耐基听后毫不犹疑，开始分析他的问题。他记下了他的目标，并研究如何达到这些目标。使他大感惊异的是，他发现他真正想要的不是做一个足球明星，而是希望获得那足球明星所享有的如雷般的掌声与名气。不久，他发现，如果发展他的才华，可以使自己成为一名公开演说家，可以赢得更长久而更热烈的掌声。于是，他开始向这一方向努力。他的演说极为成功，后来竟写了一本关于公开演讲的专著，并借着著名的演讲学校，帮助了成千上万的人成了不起的演说家。

一个人的成功之路，从主观因素上讲，大概有三条：有天赋，很爱好，特别刻苦。

所谓天赋，就是在做某些事情上并不比别人更努力，但做得却比别人好；爱好，就是对做某些事情非常喜欢，即使做得很辛苦也不以为苦；刻苦，则是不得不去做某些事情，迫使自己比别人做得更多做得更好，为了实现某个目标吃尽苦头。

现实生活中，绝大部分人可以说是天资平平。靠天赋成功的人在文体界表现得比较突出，潘长江小品演得好，但无论怎么努力，他也不可能像姚明那样去打 NBA，这是天赋问题。但是没有某一方面的天赋并不代表不能成功。

有一则故事：一个少年喜欢弹琴，想成为一名音乐家；另一个少年爱好绘画，想成为一名美术家。然而，他们都突然经历了一场灾难。结果，想当音乐家的少年，再也无法听见任何声音；想当美术家的少年，再也无法看到这个五彩缤纷的世界。

两个少年非常伤心，痛哭流涕，埋怨命运的不公。这时，一位老人知道了他们的遭遇和怨恨。老人对耳聋的少年用手语比画着说："你的耳朵虽然坏了，但眼睛还是明亮的，为什么不改学绘画呢！"然后，他又对眼瞎的少年说："你的眼睛尽管坏了，但耳朵还是灵敏的，为什么不改学弹琴呢?"两个少年听了，心里一亮。他们从此不再埋怨命运的不公，开始了新的追求。

改学绘画的少年发现耳聋了可以使自己避免一切喧嚣的干扰，使精力高度专注。改学弹琴的少年慢慢地发现失明反而能够眼不见心不烦，使心思无比集中。

后来，耳聋的少年成了美术家，名扬四海；眼瞎的少年终于成为音乐家，饮誉天下。他们相约去拜见并感谢那位老人。

老人笑着说："不用谢我，该感谢你们自己的努力。事实证明，当命运堵塞了一条道路的时候，它常常会留下另一条道路！"

如果说天赋是一条成功之路，那么，"很爱好"则是成功的另一条途径。

王杰 15 岁那年，还是半工半读的少年。有一次在茶楼打工，肚子太饿了，客人买单离去后，他趁人不注意偷吃了一个客人剩下的叉烧包。谁知被经理看见了，硬说王杰偷吃茶楼的食物，王杰死不承认，经理恼羞成怒给了他一个狠狠的耳光，并当场开除了他。

王杰一边哭一边走回他租住的地方。其实那只是一个两层铁架床的上层，香港称之为“笼屋”。他跟住在隔壁床位的老伯哭诉，问老伯：“为什么我的命这么苦？12 岁爸妈就离婚不要我了，上学受人欺负，打工也被人冤枉，难道我注定要一辈子这么倒霉吗……”

老伯看着王杰好一会儿，突然笑出了声：“嘿！小鬼头，谁告诉你人是要被注定的？那些老板也不是天生就是百万富翁。要相信世上总有一条路让你走。”

此后，王杰选择了一条路——唱歌。他对音乐的热爱到了痴狂的地步，尽管他的嗓音并不太适合唱歌，但无论路有多难走，他决心坚持走下去。他越唱越带劲，信心也来了。唱了 10 年之后，《一场游戏一场梦》面世了。

这张唱片，成为王杰命运的转折点。唱片上市的第一天，公司的一位“前辈”对他说：“王杰，你的唱腔实在太奇怪了，你觉得你的新唱片能卖多少？”王杰知道这位前辈话带嘲讽，但还是很坦诚地说：“应该可以卖到 30 万张吧。”没想到，不到半天，他的回答就被当成笑话传遍了公司，甚至有人开始叫他“30 万”——在他们眼里，王杰是想一夜成名想疯了。面对他们的嘲笑，甚至连唱片的制作人都不帮王杰说句话。他只有在心里默念着老伯曾经说过的话，告诉自己：人是不可能被注定的，能否改变命运，就靠这一次了。唱片推出的第七天晚上，他下班后坐计程车回家。车窗外不断流逝着美丽的夜景，闪烁的霓虹灯照耀着街上的夜归人，王杰无心欣赏，一想到将来，想到自己夸下 30 万的海口，他的心就一阵阵刺痛。

隐约中，计程车的收音机里传出一个悦耳的声音：接下来播放的是本周流行榜的冠军歌曲。一阵音乐的前奏响起，熟悉的旋律让他的心开始狂跳。主持人继续说："本星期的流行榜冠军歌曲，就是王杰主唱的《一场游戏一场梦》。"那一瞬间，王杰泪流满面。

《一场游戏一场梦》最后发行了1800万张。所以说一旦你投入自己的全部热情，爱它，喜欢它，总会有好的结局在等待着你。

此外，还有一条路，那就是特别刻苦。李阳老师的英语说得好，他教《疯狂英语》的方法就是反复练、刻苦练。李阳老师认为学英语，无非是"口腔的体操训练"：大声地、快速地、字正腔圆地说英语。十遍不行，那就一百遍；一百遍不行，那就一千遍吧！

很多成功人士都具有刻苦精神。俞敏洪说过这样一句话：自己选择的路，跪着也要走下去。他还讲了这样一个故事：

"有一个大学生来找我，他说自己家境非常贫困，但想出国，问能不能暑假在新东方兼职做教室管理员，并且安排他到托福和美国研究生入学考试的班，查完学生的听课证扫完地后就在后面听课。我说当然可以。没想到这个学生又提了个要求，如果两个月的兼职真的做得很好的话，能否给他500元工资让他买个录音机，我说没有问题。结果那孩子做了两个月，所有接触过他的人都说这孩子刻苦认真，所以到了两个月后，我给他1000元的工资让他买录音机。他买好后，边听着录音机边流泪。我知道他被自己的行为感动了，以后肯定有大出息，果不其然几年后他被耶鲁大学以全额奖学金录取了，现在还在美国工作，年薪13.5万美元。所以说一个被自己感动的生命肯定很精彩。"

只有成功的人才知道，不论成功或失败，一切都取决于自己；他们更明白，取得成功的要素不在于外在的物质条件，而在于自身实现目标的信心和独一无二的自我肯定。路不好走，是应该怪路本身，还是应该怪我们的鞋子不合脚？无论走什么路，最要紧是有一双合适的鞋，不但合脚，还要适合不同的路况。这个“鞋子”，既有个人的能力，也有个人的思想和观念在里面。

用心去选择将要走的路，用心去走所选择的路，对于我们的人生是至关重要的。我们可以什么都不相信，但一定要相信世上没有走不通的路，相信自己的心，它只属于我们自己。

4. 不怕慢，只怕站

孙中山先生曾说："凡百事业，收效愈速，利益愈小；收效愈迟，利益愈大。"年纪稍长的人都知道，"大跃进"时期，曾有好心人为多增产、快致富，将两季稻改成三季稻。结果，稻是多种了一季，人也多忙了几月，收获却不甚理想。为什么？有一个简单的算术口诀："三三得九，不如二五得十"。很多时候，快和多并不一定好。

被誉为"地球上开车最快"、获得过7届F1世界冠军的"F1之王"迈克尔·舒马赫坦言，自己成功的秘诀并不是油门，而是刹车。一味地加油门求快，欲速则不达，疯狂的车速会将车甩飞出去，而善用刹车的'慢'技巧，减少不必要的停顿，保持行车流畅有时反而能成功。"

慢就是快，这是日耳曼民族的一句哲言，也是人们在日常生活、生产中总结出来的一条经验。我们中华民族也有欲速则不达之说，二者的异曲同工之处，体现了世界上两个伟大民族的英雄所见略同。所以说，忙碌工作不是最好的生活。

太快了不好，贪多同样也不好。

一位画家，3年之前，他被检查出患有一种绝症。然而，他并没有因此倒下，异常坦然地接受医生的治疗，并且每天他都坚持有计划的体育锻炼和作画。这 3 年来，他已经举办过十几次个人画展，获得过许多大奖。即使在平时，他的脸上也总是挂着开心的微笑。

别人问他："你为什么每天都这么开心？"他微笑着讲述了自己儿时经历过的一件事情：

他在读中学时，非常淘气。有一次，他因为连续几天旷课，学校给予他严厉的记过处分，并通知了他的父母。他的父亲得知此事后，并没有责骂他。在晚饭之后，他的父亲捡来一个塑料小漏斗和一捧玉米种子，放在桌子上说："今晚，我想给你做一个试验。"父亲让他把双手放在漏斗下面，然后捡起一粒种子投入漏斗，种子便顺着漏斗滑到他手里。父亲连续投入十几次，他的手中就有了十几粒种子。随后，父亲又抓起满满一把玉米粒投放在漏斗里，那个狭窄的漏斗缝隙被玉米粒相互挤住，竟没一粒掉出来。此时，父亲意味深长地说："这个漏斗就代表着你，假如你每天都能认真做好一件事，每天你就会有一粒种子的收获和快乐。可是，当你想把所有事情都挤到一起来做，反而连一粒种子也收获不到。"

正是这样，工作踏踏实实地做，一步一个脚印地走反倒容易成功。无论是历史人物还是当代的成功人士，他们的成功就是一直在坚持做好一件事。通过每天做好自己专注的一件事，日积月累而成为这个领域的专家，那么他在这件事情上肯定是成功的。

张俊超在刚读高中的时候他的父母都下岗了，生活很困难。他高中毕业后，因为不想让家里负债给他交学费，不得不放弃上大学的机会，到一家公司去打工，做了一名普通的工人。但是，他不像别的工人那样，拿一份钱，干一份工作，他每天都在工作中不断学习，想办法充实自己，努力改变自己工作的境况。他注意到主管每次总要认真检查那些进口商品的账单，由于那些账单用的都是法文和德文，他就在每天上班的过程中仔细研究那些账单，并努力钻研学习与这些商务有关的法文和德文。

后来，当主管忙不过来时，他就主动要求帮助主管检查。由于他干得实在是太出色了，以后的账单自然就由他接手了。

过了两个月，他被部门经理叫到办公室。部门经理的年纪比较大，是公司里的元老级人物了，他说："我在这个行业里干了 30 年，根据我的观察，你是唯一一个每天都在要求自己不断进步、不断在工作中改变自己、以适应工作要求的人。从这个公司成立开始，我一直从事外贸方面的工作，也一直想物色一个助手。这项工作所涉及的面太广，工作比较繁杂，需要的知识很庞杂，对工作的适应能力要求也特别高。现在，我选择了你，认为你是一个十分合适的人选，我相信自己的选择没有错。"

尽管张俊超对这项业务一窍不通，但是，他凭着对工作不断钻研、学习的精神，让自己的能力不断地提高。半年后，他已经完全胜任这项工作了。一年后，部门经理退休了，经过大家的审议，由他接任了这项职位。

很多人每天都把精力花在很多琐事上，不分轻重缓急地浪费掉了时间；还有很多人非常急躁，什么事都想去做，结果什么事也没做成。如果你集中精力，踏踏实实做好一件事情，哪怕每天只进步一点点，那么，你肯定会比别人更成功。

5. 把工作转换成快乐的源泉

美国职场上有一句名言："工作如果是快乐的，那么人生就是乐园；工作如果是强制的，那么人生就是地狱。"一件令你感到痛苦的事情你能做多久？答案是：做不久。安东尼·罗宾说："人生中所做的每一件事，不是为了逃避痛苦就是为了追求快乐。是你所认定的快乐和痛苦决定了人生。"而我们对痛苦和快乐的认知差异就造成了态度、行为的差异，也就导致了不同的结果、不同的人生际遇。成功者之所以成功是因为他们在大家都以为苦不堪言的事情、都不愿意去做的事情当中找到乐趣或是赋予新的意义和价值，足以让他们愿意坚持、甚至乐此不疲，从而做到常人做不到的事情，得到常人得不到的东西。只要你做的是发自内心的，你过后就不会感到失望，不会感到嫉妒，也不会计较被回报与否，否则，你就要患得患失。

在日本，有一项叫"终生成就奖"的国家级奖项。在素来都把荣誉看得比自己的生命更为重要的日本人心目中，这是一项高不可攀、梦寐以求的最高荣誉。日本人中，有无数的博学才俊、社会精英一辈子努力奋斗的目标，就是为了能够获得这项大奖。可最近一届的"终生成就奖"，却在举国上下的瞩目和企盼中，出人意料地颁发给了一位名叫清水龟之助的邮递员。

清水龟之助是日本东京一位极为普通的邮递员，他每天的工作就是把各式各样的邮件，准确而迅速地投递到每一个相关的家庭。同那些长期从事能够推动人类历史快速发展的尖端科技研究的专家学者们相比，清水龟之助所从事的这项工作，简直就是微乎其微，甚至根本不值一提。但是，就是这位长期从事着如此平淡无奇的邮递员工作的清水龟之助，却无可争议地获得了这项殊荣。这是因为在他从事邮递员工作的整整25年中，他的工作态度始终与他任职第一天的那种认真与投入没有什么两样。在不算短暂的25年中，他从来没有过请假、迟到、早退、脱岗等任何缺勤情况；而且他所经手投递的数以亿计的邮件，从来没有出现过任何差错。不管是地冻天寒，还是狂风暴雨，甚至在大地震的灾难当中，他都能够准确而及时地把邮件投送到收件人的手中。

那么，是什么力量支持着清水龟之助得以持之以恒、几十年如一日地把一份极为普通的工作，铸造成了一项崇高无比的成就呢？清水龟之助对此不无感慨地说："是快乐，我从我所从事的工作中，感受到了无穷的快乐。"

如果我们可以将成功路上必须忍受的"痛苦"，转化成"快乐"的感觉，那么我们不仅可以在成功的终点享受到成功的"快乐"，更可以在追求成功的过程中"快乐"地成长、"快乐"地改变、"快乐"地进步。

对于许多人来说，要找一个自己擅长的行业比较容易，甚至要找到一个待遇不错的工作也都不是问题，但是想找到他们真正喜欢的工作比登天还难。你是否常处于这样的工作状态：早上睁开眼，一想到又要去上班，你就觉得痛苦万分。于是，你算着时间磨磨蹭蹭地挪到公司，情绪低落地开始了一天的工作。工作的过程中你不时地看表，不断地盘算着下班的时间。时间一到，你就马上恢复了神采。和朋友聚会聊天的时候，总不忘描述工作带给你的痛苦……

其实导致你生活不精彩的并不是你的工作，而是你自己，是你剥夺了自己快乐的权利。

快乐完全取决于你自己的意念。工作占据了我们生活的三分之一，甚至有的人还要更多。如果你不去试着喜欢你的工作，那你永远也无法从中找到快乐。实验证明，内心整天苦闷的人会比那些辛苦的体力劳动者更容易疲劳。如果你试着发现工作中的乐趣，你就不会觉得枯燥乏味——即使你工作的时间很长，也丝毫不会觉得是在工作，反倒像是在做一个有趣的游戏。

当然，任何一项工作都不像娱乐，能带给人许多感官的愉悦，也不可能很轻松有趣，除非你发现其中吸引你的东西。工作本身并不痛苦，只是很多人没有挖掘其中的兴趣点。哪怕是再单调的工作，只要你愿意，都可以从中发现乐趣。

赫胥兰·霍华德曾于高中时在一家福利社打工，每天的工作就是洗盘子、擦柜台、卖冰淇淋，他的工作单调而无聊，但他一点办法都没有。于是他试着在工作中寻找能让自己感兴趣的东西。他把目光锁定在冰淇淋上，开始研究冰淇淋是怎样做的，里面有哪些化学成分。没想到，他成了班上化学课的奇才。

由此，他对食物化学产生了浓厚的兴趣，在考入马萨诸塞州立大学后，他专门研究食物与营养，在一次论文比赛中还得了头奖。后来，霍华德有了自己的私人实验室，专门对食物的营养进行研究。

对工作产生兴趣不仅能让你忘却烦恼、减轻疲劳，还能让你工作起来更有效率。从长远看，还可能使你得到升迁和加薪的机会，甚至像霍华德一样，有了自己一生的事业。许多年轻人频繁地更换工作，觉得一个工作做了一段时间后就倦怠了。其实，每一份工作都是有营养的，而吸收营养的过程正是工作的乐趣所在。工作带来的快乐并不是直接的、感官上的，而是精神的愉悦和成就感。

为什么那么多人追求成功，而成功者却寥寥可数呢？美国曾做过一次调查，结果发现竟然有98%的人工作不快乐。难怪在这个世界上只有2%的人能称得上是成功者，那是因为成功的人通常都非常热爱他们的工作，而且工作时他们都很快乐。华德·迪士尼说："一个人除非做自己喜欢的事，否则很难有所成就。"英国有句谚语说出了既快乐又能成功的最简单的方法："如果希望活得快乐，就去找一件自己非常喜欢、做起来又蛮自在的事。"工作的乐趣在于你自己，工作时，表现出你独一无二的特质——你是一个最有价值的人，拥有爱心、信心和决心，你内心的喜悦表现出你充沛过人的精力，与你接触的人都会深受感染。然后因为你做得太好了，接下来就会有人付钱来请你替他们做。

古语云："知之不如好之，好之不如乐之。"意思是一个喜欢做某一件事的人会把事情做得比仅仅知道如何做的人做得好；而一个能从做某一件事当中享受到乐趣（快乐）的人会把事情做得比喜欢做某一件事的人做得更好。所以，工作快乐才是成功的根源。

6. 为自己，工作到最好

多数职场人都抱有打工者的心态，他们觉得：“反正公司不是我的，干好干坏都只拿那么一点工资，干吗那么拼命？我只是打工的，管不了那么多，谁的事谁做！公司给我多少钱，我就干多少活！对付着干吧，差不多就行……”这种打工者心态使他们每天按时上班、按时下班、按时领薪水，拿不出一点热情放在工作上。他们被动地应付着手里的工作，机械地完成工作，从不去想工作是自己的前途和人生。因此，他们得到的也就仅剩下手里那点可怜的工资了。

“为别人工作”的心态不会使我们受益，“为金钱工作”的心态不会使我们有长远的发展。只有“为自己工作”的心态，才能带给我们原始的动力，帮助我们获得经验、能力等潜在财富的积蓄，为以后的发展做准备。“为自己工作”的心态，更能让你充满动力，更能获得个人的发展。

在日本，有一位中国留学生应聘了一份工作。老板要求他一个人每天在厨房里，把每个盘子刷 8 遍。老板给的月薪不低，这些薪水付完学费和房租后，还可以有些剩余寄回老家孝敬父母。留学生很高兴，他认真地把每一个盘子刷 8 遍，老板对他的工作也挺满意的。

有一天，他似乎明白了一件事情："我给他打工，这个饭馆不是我的，他又看不见我干活儿，我怎么那么傻？我干吗非要把盘子刷 8 遍？我觉得盘子刷 4 遍也挺干净的，干脆减一半的工序，还拿原来的薪水，这不等于拿了 2 倍的薪水吗？相当于白领的收入了。"

于是，他自作聪明地减少一半的工序，把每一个盘子刷 4 遍。老板没有发现，继续发给他原来的薪水，留学生更得意了。

有一天，他又想："我干吗要刷 4 遍盘子？刷 2 遍不也行吗？我们家的盘子刷 2 遍也挺干净的，再减一半的工序，还拿原来的薪水，这不等于 4 倍的收入了吗？"于是，他将刷盘子的次数减为 2 遍。

这一次，盘子有些不干净，老板发现了，一检查，原来是他偷偷地减了许多工序。

于是，老板把这个留学生开除了，同时通知他所有的朋友："这个留学生是不能被雇用的，因为他不诚实，工作不认真。"

总以为自己是为别人工作、是为金钱工作的人，是做不出成绩的，所以对工作不会上心，因为不上心，所以不尽力；因为不尽力，就不能做到最好。而这些为金钱工作的人，除了钱就难以得到其他的东西。

你每天为什么去上班？为公司、老板？为薪水、社会地位？还是为了自身的发展？其实每个人的职场之路都是自己走出来的，带着什么样的目的去走，将会影响你一生的职业发展。

如果我们一心只"为老板工作""为金钱而工作"，那么我们终其一生，也无法体会到工作的乐趣和成功的喜悦。因为我们一心只"为钱而工作"，便不会注重学习和积蓄，不会注重成长的机会。这样一来，我们很容易被眼前的利益所蒙蔽，做出错误的选择和行动，最终阻碍或破坏自己的职业发展。洛克菲说："我们努力工作的最高所酬，不在于我们获得的，而在于我们会因此成为什么。"因为薪水是公司对我们的工作给予的一种报酬方式，我们更应该珍惜工作本身给我们带来的报酬。艰难的任务能够锻炼我们的意志；较为陌生的工作能够拓展我们的知识面；与同事一起完成一项任务，可以健全我们的人格，与客户、供应商谈判，可以增进我们的智慧。工作带给我们的是成长和成熟，这才是我们最大的财富。

因此，做人要用心，做事要尽力，一定要用脑思考，用心做事，千万不要被金钱所驱使，让自己成为金钱的奴隶。时时刻刻都要以一颗平常心来踏实做事，把公司的事情当作自己的事，脚踏实地去做，这样才能把事情做到最好。

杰瑞米在年轻的时候曾经是一名邮递员，工作刚开始的时候，他和其他的邮递员一样，没有什么区别，一直在用陈旧的方法分发信件。这其实是一种效率非常低的发信方法，经常会有很多信件因为这样的陈旧方式耽误几天，甚至几周之久。

而杰瑞米对这种现状自然表现出了不满意，他无时无刻不在想尽办法来提高自己的工作效率。

白天的时候，杰瑞米总是会用心观察自己的工作情况，晚上在床上的时候，他还会用心思考如何解决工作效率低的问题。就这样，没过多长时间，杰瑞米竟然想到了一种把信件集合寄递的办法，而这种方法也让信件的投递速度有了极大的提高。

于是这种方法很快就被推广开来，杰瑞米也因此升职了，不再是一名邮递员了。到了新的岗位上，杰瑞米依然是尽力做好每一份工作，用心思考工作。在 5 年之后，他又被提升为邮政局帮办，没过几年，他又被提升为总办，最后，杰瑞米凭借自己这种尽心尽力做事的精神，升任为美国电话电报公司的总经理。

尽心尽力，就是要把工作当成事业来做，按部就班地去做。只有尽心尽力去做，才可能让工作做得更完美，优秀的人才也才会变得更加优秀。优秀的人，总是会用心做事，把事情做得更好、更完美。尽心尽力，也才能够踏踏实实工作，把平凡的事情做得不平凡；而也只有踏踏实实做事，才可以把每一件事情做好，这本身就是一种成功。

意大利著名的指挥家、大提琴演奏家阿尔图罗·托斯卡尼尼的一生去过很多的地方，指挥过无数的乐团，更是见过数不清的达官显贵。在托斯卡尼尼 80 岁的时候，他的儿子曾经非常好奇地问他："你觉得一生中做过的什么事是最重要的？"

托斯卡尼尼说："我一生之中最重要的事情，那就是我现在在做的事。对我来说，不管是去指挥一个交响乐团，还是在沙发上剥一个橘子，这些都是重要的事。"其实，这对于任何人来说都是一样的，不管是大事小事，只要做好了其实就是一种成功；做好每一件平凡的事，这本身就是一种不平凡。

只有踏踏实实做事，不管做什么事都做到尽心尽力，这样才能把任何一件事都做到尽善尽美。只要用心思考，用心办事，踏踏实实做事，认认真真做人，那么我们每个人也才会有成功的希望。只有踏实做事，认真做人，我们也才能够一步一步靠近成功，从而体会到真实的成就感。

7. 成功源于积累

众所周知，伟大的成就需要众多微小成就的不断积累，这需要我们沉下心来，慢慢来。

一个孩子问一位亿万富翁："您是怎样成为亿万富翁的?"

"一元钱一元钱地慢慢挣呗。当你重复一亿次时，就自然而然地成为亿万富翁了。"富翁回答道。

"挣一元钱不难，可是怎样坚持一亿次呢?"小孩接着问道。

"你可以不去想一亿次，想得太多可能会增加你的心理压力，让你觉得挣一元钱也是那样遥不可及。你挣钱的时候只想着这是唯一的一次。既然是唯一的一次，你就一定要把它挣来。挣来这一元钱之后，再去挣下一个一元钱，如此反复，时间一长，你就会发现，自己拥有的财富是许多个'一元钱'，你会从过去的成绩中得到信心，那时候你的财富就不是一元钱一元钱地增加，而是一万元钱一万元钱地增加，甚至是一百万元钱一百万元钱地增加。"

偶然的、意外的机遇在工作、人生和社会中实在是少之又少，它们所起的推动作用也并不大。虽然大胆地冒险有时能碰上好运气，人生有时能得到意外的收获，但这都属于偶然的情况。真正要达到自己追求的目的，只有靠勤奋和毅力，舍此别无他途。

王承恩只身从农村来到城市，只有初中毕业，身体非常单薄，只能找点比较轻的体力活干。他到了一家保洁公司，主要工作就是擦玻璃，公司管食宿，每月工资300元。

他很满足，干起活来十分卖力。有人问他："你这么小，为什么不在家上学，出来受罪赚这点钱？"他说："我家里穷，父亲瘫了，母亲种地，家里没钱供我上学，我文化太低，能有这份工作已经很满足了，每月还能给家里寄点钱呢。"

王承恩在这家保洁公司一直擦玻璃，他的同事换了一批又一批，有的甚至刚做三四天就因为嫌薪水少、干活脏走了，他一直坚守着这个位置。整整5年，他已经是20岁的大小伙子。这座城市里的写字楼、宾馆、商场他几乎都去服务过多次。他工作一如既往地卖力，一丝不苟，很多顾客还点名要公司派他过来，他简直成了公司的形象代言人。

人们都知道他，他和他的服务对象成了熟人和朋友。有一天，有个新来的女孩问他："听说你擦了5年的玻璃，每月只挣300多块钱，为什么不换个工作呢？"他笑笑说："会换的。"

有一天，人们熟知的擦玻璃工突然消失了。几天后，一家快餐店开业了，老板就是擦了5年玻璃的王承恩。快餐很适应城市的快节奏，竞争自然异常激烈，而他的快餐店却很快打开了局面。

原因很简单，王承恩在擦玻璃的5年，走遍了每个写字楼、宾馆、商场，结识了里面的人，5年擦玻璃的表现已经给人们留下了深刻的印象。当他的快餐店发展到整个城市的角落，资产逾千万时，认识他的人无不感慨地说："这位老板曾擦了5年的玻璃。"

有记者采访王承恩，问他如何从一个擦玻璃的打工仔干到开快餐店，并在众多实力雄厚的竞争对手中脱颖而出时，他只说了一句："因为我曾为人擦过5年的玻璃，并且擦得很好！"

积累，就是指逐渐积聚起来的成绩、经验、知识等。你想在某一方面成功就需要积累这一方面的知识。没有丰富知识的积累，仅靠自己凭空想象是不行的。积累是一种慢功，急不得、快不得。所以，在积累的同时还要做老实人，偷懒耍滑是积累的大敌。现实中，有不少人不喜欢积累，成天忙于工作，忙于应酬，对于需要完成的工作大多是临时抱佛脚，工作干完了就完了，没有思考，没有总结，不善于动脑子。

积累就像人走路一样，要一步步地走，一步一个脚印；积累是成功的必经之路，也是成功的快捷之路。积累是眼观六路，耳听八方；积累是聚精会神，精耕细作：积累是扎扎实实，稳扎稳打；积累是由浅入深，不断升华。积累是长年之功，终身之功，有了这种“慢功”，不愁没有成效。

8. 给梦想一个播种的时间

一位农夫在地里种下了两粒种子，很快它们变成了两棵同样大小的树苗。第一棵树从一开始就决心长成一棵参天大树，所以它拼命地从地下吸收养料，储备起来，用以滋润每一个细胞，盘算着怎样向上生长，完善自身。由于这个原因，在最初的几年，它并没有结果实，这让农夫很恼火。而另一棵树同样也拼命地从地下吸取养料，打算早点开花结果，它做到了这一点。这使农夫很欣赏它，并经常浇灌它。

时光飞转，那棵久不开花的大树由于身强体壮，养分充足，终于结出了又大又甜的果实。而那棵过早开花的树，却由于还未成熟，便承担起了开花结果的任务，所以结出的果实苦涩难吃，并不讨人喜欢，而且自己也因此累弯了腰。农夫诧异地叹了口气，终于用斧头将它砍倒，当柴烧了。

由此不难看出，急于求成只会导致最终的失败。人也一样，从树苗到开花结果，一定要有一个成长、成熟的过程，急于求成，便不会结出甜美的果实。

1960 年，齐秦出生于台中市一个殷实的家庭，父亲是公务员，还经营着一家舶来品店。从小就喜欢唱歌的他，梦想着自己长大后能成为一名歌手。但有着传统观念的父亲认为当歌手是不学无术的表现，因此他禁止儿子接触任何与音乐有关的东西。

但父亲实在太忙，根本没时间管他，母亲也沉溺于牌桌之间，这让他有机会去接触音乐。那个时候，他最大的兴趣就是跑到同学家里，听收音机里播放的流行音乐，在熟悉了旋律之后，再改唱自己创作的词。

不久，父母婚姻破裂，受到刺激的父亲脾气大变，动不动就毒打他，他只好经常逃家，一逃就是好几天。头两天跑去同学、朋友家住，之后住不下去了，就跑去车站、公园露宿。也就是在那个时候，他认识了很多街头混混，并与他们来往密切。

父亲开始还骂他几句，久而久之，也就爱理不理了。这样的日子过了差不多一年，他出事了。因为喝醉了酒，他去帮别人追债，三更半夜踢人家的铁门，被闻讯而来的警察抓住，判了三年刑，进了少年感化院。

父亲知道后气得要死，托信来要和他断绝父子关系，他感到了绝望，甚至有了轻生的念头，只是他觉得对不起姐姐。自从他进感化院后，姐姐每个周末都会来看他，风雨无阻。在姐姐的关怀下，他慢慢地恢复了斗志。有一次，姐姐把他带到他劳动的地方，指着一株鲜花说："还记得你小时候的梦想吗？梦想就好比是栽花，从播种到发芽再到开花，总需要一定的时间，而你现在只是一粒种子，如果你想成功，你就得播种、浇水，你必须学会坚持。"

为了激励他，姐姐还把当时颇有名气的李泰祥先生请到了感化院，在李泰祥的鼓励下，他开始对自己的未来充满信心。

从感化院出来后，为了继续追梦，他找了一份打字员的工作，白天上班，晚上就去餐厅“敲门”，给顾客唱歌。他唱过的地方很多，有一天，他在翔声餐厅唱歌，唱了一首《你说过》，中场休息时，突然有一个人走过来问他：“你有没有兴趣出唱片？”当时，他愣住了，似乎不敢相信自己的耳朵，直到对方掏出名片，他才相信。

第二天，他来到对方的公司签约，成了一名真正的歌手。之后，一首电影主题曲《就是溜溜的她》，让他一炮而红。

在回忆过去时，齐秦不止一次提到姐姐的名字，他说：“就在我快放弃人生理想的时候，是姐姐拯救了我，她让我明白了坚持的重要性。这个世界上，每个人都会有自己的理想，所不同的是，有的人因为各种挫折，没有去播种，所以结果只能沦为空想；有的人一直在坚持，所以才把自己开成了一朵最美的花。”

是的，给梦想一个播种的时间，你才能收获芳香一片。

其实，等待是一种智慧，等待也是一种积蓄，它更是一种信念。

在当今中国市场经济快速发展的大背景下，很少人能按捺得住一颗驿动的心，守住自己可贵的沉稳与平和，大多数人变得越来越盲目、浮躁、急功近利。

对于急功近利的人来说，不管做什么事，总是想马上得到回报，或者收获成果。很多初次创业者最容易出现这种心理状况，他们光想着干大事业，幻想一夜之间成为百万富翁、千万富翁，却从来不会从一点一滴做起，稳扎稳打，耐心地等待“时来运转”。在任何时候，急功近利的人的心情都无法平静下来，他们只要看到赚钱的行当就想去捞一把，犹如熊瞎子掰棒子，掰一个丢一个，最终收获甚微，甚至是一无所获。

如果患上了急功近利的毛病，就会变得定心胸狭窄，胸无大志，总是盲从世俗，脑袋长在人家的脖子上。别人说军人时髦，你便想办法穿上军装；别人说文凭重要，你便马上去混文凭；别人下海捞钱去了，你如同热锅上的蚂蚁，马上削尖脑袋下海去。没有一个清晰的生涯设计，没有自己的梦想。

很多人不成功是没有给自己足够的时间和耐心去努力，全部精力、全部时间和全部生命都无形地消耗在你的短期行为之中。也有很多人一生只成功了一次就像流星一样消失，因为他们不懂得成功是一种持续不断努力的过程。

9. 跌倒了，爬起来再走

有人说：“上帝真是一个精明的生意人，给你一分天才，就搭配几倍于天才的苦难。”这句话应该改一改：“上帝总是用心良苦，他给你一分天才，便会搭配几倍于天才的苦难和磨砺，让你认识到这一分天才是多么宝贵和无可替代。”因此，当你遇到不如意时，不必怨天尤人，更不能自暴自弃，最好的办法就是告诉自己：我是被上帝咬过的苹果，只不过上帝特别喜欢我，所以咬的这一口更大些罢了。

有一个自以为是的年轻人大学毕业后一直找不到理想的工作。他觉得自己怀才不遇，对社会感到非常失望。痛苦绝望之下，他来到大海边，打算就此结束自己的生命。

这时，有一个老人从这里走过。老人问他为什么要走绝路，他说自己不能得到别人和社会的承认，没有人欣赏并且重用他。

老人从脚下的沙滩上抓起一把沙子，让年轻人看了看，然后就随便扔在地上，对年轻人说：“请你把刚才我扔在地上的那些沙粒捡起来。”

“这根本不可能！”年轻人说。

老人没有说话，接着又从自己的口袋里掏出一颗晶莹剔透的珍珠，也是随便扔在了地上，然后对年轻人说："你能不能把这个珍珠捡起来呢？"

"这当然可以！"这个老人真的很有智慧，笑着对年轻人说："有的时候，你必须知道你自己是一颗普通的沙粒，而不是价值连城的珍珠。若要使自己卓然出众，那你就要努力使自己成为一颗珍珠。"

人要有所成就，必须要经历长时间的磨砺。曾经有悲观主义哲学家说，我们出生时之所以哇哇大哭，是因为我们预知生命必然充满通苦，至于迎接新生命到来的成人之所以满心欢喜，是因为又多了一个人来分担他们的苦难。当然，这是消极、负面的论调，人生的苦与乐，都是内心的感受，一切都得靠我们亲自体验，一如挫折，或许遭遇之时会让我们感动痛苦，但正因为有了它，我们才能更加坚强、勇敢。

很多人常劝慰自己："我已经尝试过了，不幸的是我失败了。"其实他们并没有搞清楚失败的真正含义。

人生中的不如意十之八九，所有的人都难免会遭受挫折和不幸。但是成功者和失败者非常重要的一个区别就是，失败者总是把挫折当成失败，从而使每次挫折都能够深深打击他追求胜利的勇气；成功者则是把失败看作一种历练，看作一种常态，看作成功的基石，在一次又一次的挫折面前，总是对自己说："我不是失败了，只是暂时还没有成功。不用急，从头再来。"一个数次失利的人，如果继续努力，打算赢回来，那么他所有的失利，就不是真正的失败。相反的，如果他失去了再次战斗的勇气，那就是真的输了。

宋嘉树，字耀如，原籍海南岛文昌县（今文昌市），一生多彩多姿，他的身世背景、他的远渡重洋、他在上海十里洋场的发迹，都充满了传奇色彩。他创办了华美印书馆，协办了中国基督教青年会，参加了孙中山领导的同盟会。

1887年，宋耀如与培文女子高等学堂毕业的名媛倪桂珍结婚，生有三女三子，他们便是名闻中外的宋霭龄、宋庆龄、宋美龄三姐妹和宋子文、宋子良、宋子安三兄弟。宋氏家族对于近现代中国有着深远的影响，尤其是宋氏三姐妹在中国现代史上具有特殊的地位，被誉为20世纪世界上最杰出的女性。那么，这三位杰出的女性是如何被培养出来的呢？

宋家的孩子还在爬行和学步阶段，宋耀如就鼓励他们："一步二步三步，好！跌倒了别哭，自己爬起来再走，好！一二一，一二一……"孩子们果然不哭，跌倒了爬起来再走。朋友们说他是"开孩子们玩笑"，宋耀如却回答："老兄错了，这不是开玩笑，这是人生之路的第一步，将来在社会上闯世界，全靠这第一步呀！"

孩子们渐渐长大。有一天，宋耀如特地选择了一个风雨交加的日子，带着霭龄、庆龄、子文等人去龙华。他不让孩子们参观龙华古刹，却让他们丢开手中的雨伞，站在古塔下淋雨。宋耀如指着高高耸立的龙华塔对孩子们说："你们看这座塔，千余年来不怕风雨，为什么？因为它基础牢固，骨架紧密。你们将来投身革命，就要从小打基础，练骨架。现在让我们一起开始比赛，围绕宝塔跑六圈，六六大顺！"宋耀如带头跑了起来，孩子们紧紧跟着父亲，有的孩子不小心在泥泞中跌倒了，却迅速地爬起来再跑，无一肯落后……

还有一次，姐妹兄弟玩"拉黄包车"的游戏，霭龄装作黄包车夫，庆龄扮成乘客，小妹小弟跟在身后又蹦又跳。正玩得开心时，不料"车夫"拉车用力过猛，双手失去控制，一下把"乘客"抛了出去。"车夫"愣在那里傻了眼，知道自己闯了祸："乘客"又疼痛又委屈，满脸不高兴。这件事被父亲知道了，他慈爱地对霭龄说："做游戏也要有分寸，黄包车夫可不光是使力气呀！伤了乘客还怎么揽生意呢?”小霭龄不好意思地笑了。父亲又笑着对庆龄说：“我们的乘客这样宽宏大量，这样勇敢坚强，真是了不起!”小庆龄受到父亲的夸赞和鼓励，一脸的阴云散去了。长大以后，庆龄真的成为一位既富有爱心和宽容，又意志坚强、面对邪恶势力敢于斗争的伟大女性!

如果一个人把眼光拘泥于挫折的痛感之上，他就很难再抽出身来想一想自己下一步如何努力，最后如何成功。“跌倒了，爬起来再走”，看起来是一句鼓舞失败者最好的话，但是要真正实现起来，需要的是自我鼓励的品质和勇气。泥泞的路才能留下脚印，世上芸芸众生莫不如此。那些一生碌碌无为的人，不经历风雨，就像一双脚踩在又平又硬的大路上，什么也没有留下。

因此，奋斗之初开始就要认清这一点：要成功并不容易，想要获得成功就得要有战胜困难挫折的勇气和信心。有了这样的心理准备，所有的挫折都不会让你彻底倒下。

10. 坚持是打开成功之门的钥匙

每个人都希望成功，每个人都想要找到打开成功之扇门的那一把钥匙。其实，人们都知道这把钥匙是什么、在哪里，只是没有勇气一直拿着它。

1965 年，一位韩国学生到剑桥大学主修心理学，几年后发表了博士论文《其实成功没有那么难》，揭开了坚持与成功的秘密。在采访那些成功人士时，他们都普遍表示自己没有想过要坚持，回头看看自己走过的路的时候，自己也都觉得害怕，不知不觉居然做了这么多，倘若再来一次，很多人也会被这些巨大的任务吓倒而难以再坚持。

一个年轻的山民向老山民求教："我要怎样才可以走出这座山?"老山民说："翻过山就是了。"于是，那个年轻的山民满怀希望，兴冲冲地朝着山的方向奔去。可是当他来到山顶时，他失望极了。他所看到的依然是山。而且，望着远处，山连绵不绝，不见尽头。于是，他找到老山民，抱怨他："你为什么骗我!"老山民心平气和地说："也许你要翻过的是无数的山外之山。"

是啊，别指望翻过一座山就能到达目的地。成功之路漫长而艰辛。要想做成任何事情，应该坚持的一个原则就是：确定好自己想做的事情，然后坚持到底。只要坚持，一定就会获得成功。不幸的是，我们很多人都没有做到这一点，我们不会像马云那样被骗四次还坚持不懈，很多人被骗一次两次就放弃了。

历史学家汪衍振，耗费毕生精力研究晚清三大名臣，用二十一年时间才写了三部小说。终于在2011年出了名，成为当年开年最受关注的作家，被媒体誉为“中国最笨历史作家。”在这二十一年中，肯定有很多人嘲笑他，说他效率太低；肯定也会有人阻挠他，劝他另谋出路。可是他还是成功了，他为什么成功了呢？因为坚持。

我们都需要有这样一种坚持，这样一种毅力。我们每个人每天都在做事，然而每天都会遇到有这样那样的干扰。让你不能专注于一个“点”，从而导致一个人的一生，碌碌无为，终无成就。古今中外，一代代的历史伟人名家，有多少不是付出毕生的心血，才换来一世英名。

古苏格兰国王罗伯特·布鲁斯，六次被入侵之敌打败，失去了信心。在一个雨天，他躺在茅屋里，看见一只蜘蛛在织网。蜘蛛想把一根丝缠到对面的墙上去，六次都没有成功，但经过第七次的努力，终于达到目的。罗伯特兴奋地跳了起来，叫道：“我也要来第七次！”他组织部队，反击入侵者，终于把敌人赶出了苏格兰。

古希腊著名演说家戴摩西尼年轻的时候为了提高自己的演说能力，躲在一个地下室练习口才。由于耐不住寂寞，他是时不时就想出去溜达溜达，心总也静不下来，练习的效果很差。无奈之下，他狠下心，挥动剪刀把自己的头发剪下一半，变成一个怪模怪样的“阴阳头”。这样一来，因为头发不敢见人，他只好彻底打消了出去玩的念头，一心一意地练习口才，演讲水平突飞猛进，正是凭着这种专心、执着的精神，戴摩西尼最终成了世界闻名的演说家。

在美国，有一位穷困潦倒的年轻人想做演员，拍电影。当时，好莱坞共有500家电影公司。他带着自己写好的量身定做的剧本逐一拜访。第一轮下来，他受到百分之百的拒绝。但他并没有灰心，从最后一家电影公司出来后，又到第一家进行第二轮拜访。第二轮拜访中，500家公司依然拒绝了他。第三轮拜访结果也是如此。他咬牙开始他的第四轮拜访，当拜访完第349家公司后，第350家公司终于同意让他留下剧本看看。几天后，年轻人获得通知，这家公司决定投资开拍这部电影，并请他担任自己所写剧本的男主角。这部电影叫《洛奇》，而年轻人就叫席维斯·史泰龙。这位日后红遍全世界的巨星当初遭到1849次拒绝，却坚持不懈地走向了成功。

这些名人似乎距离我们有些远，但在我们的身边也有类似的故事：

1987年，她14岁，在湖南益阳的一个小镇卖茶，1毛钱一杯。因为她的茶杯比别人的大一号，所以卖得最快，那时，她总是快乐地忙碌着。

1990年，她17岁，她把卖茶的摊点搬到了益阳市，并且改卖当地特有的“擂茶”。擂茶制作比较麻烦，但也卖得起价钱。那时，她为自己的小生意总是忙忙碌碌。

1993年，她20岁，仍在卖茶，不过卖的地点又变了，在省城长沙，摊点也变成了小店面。客人进门后，必能品尝到热乎乎的香茶，在尽情享用后，他们或多或少会掏钱再拎上一两袋茶叶。

1997年，她24岁，长达10年的光阴，她始终在茶叶与茶水间滚打。这时，她已经拥有37家茶庄，遍布于长沙、西安、深圳、上海等地。福建安溪、浙江杭州的茶商们一提起她的名字，莫不竖起大拇指。

2003年，她30岁，她最大的梦想实现了。“在本来习惯于喝咖啡的地方，也有洋溢着茶叶清香的茶庄出现，那就是我开的……”

说这句话时她已经把茶庄开到了香港和新加坡。

成功之门的钥匙就是坚持不懈。巴斯德有句名言：“告诉你使我达到目标的奥秘吧，我唯一的力量就是我的坚持精神。”我们常给自己的将来下一个很大很大的定义，编造一个很美很美的梦，却可能被脚边一个很小的石子绊倒，从而失去继续走下去的信心。而那些能坚持走完全程的人，他们从来不怕痛，不会哭，更不会有任何埋怨，他们只会感谢无数的绊脚石。因为，在后来的后来，绊脚石正是助他们成功的重要的奠基石。

第六章　虔诚祈祷，总有比现在更美的未来

生命的厚重在于对事业的追求。你来自何处并不重要，重要的是你要去往哪里；人生最重要的不是所站的位置，而是所去的方向。只要有目标、有梦想，就会唤醒心中沉睡的巨人。

1. 每个人都应该有更好的未来

有一个短片，名为《苍蝇一分钟的生命》(One Minute Fly)。

一只仅有一分钟生命的大眼睛绿头苍蝇刚刚来到这个世界上就收到了一张清单：我死前要完成的事情（Things to Do Before I Die)。它要叮一只浣熊，它要把自己灌醉，它要和蜗牛搞个聚会，它要谈场恋爱，它有很多很多其他的事情要做。有的是它自己铆足了劲才实现的，有的是机缘巧合下它意外撞上的。它卖命地飞速完成一件件清单上的梦想，并一个个画上勾。但是，最后几秒内，它发现还有两个梦想是怎么都不可能完成的了：一个是看星星，另一个是成名。可是它只有一分钟的生命，怎么可能等到星光璀璨呢，又该如何流芳百世呢？它万分沮丧，在只剩最后一秒时眼中含满泪水。可是，上天就在不经意间暗中助它实现了最后两个梦想，让人感动万分。最后让人会心一笑的是，制作这个短片的人也借此完成了自己的一个梦想。

英国作家凯瑟琳·罗甘说：“远见告诉我们可能会得到什么东西，远见召唤我们去行动。一个人心中有了一幅宏图，我们就从一个成功走向另一个成功，把身边的物质条件作为跳板，跳向更高、更好的环境。这样，我们就拥有了无可衡量的永恒价值。”

有一位女孩，曾经有一个梦想：在自己的舞台上唱自己的歌。但有一天，在一位著名音乐人的工作室里，一盆冷水向她泼了过来："你的嗓者和你的相貌一样不漂亮，我看你很难在歌坛有所发展。"听了这话，这位女孩并没有离开，而是默默地留了下来——端茶，倒水，制作演出时间表，替歌手拿演出服装……有人问她为什么，女孩儿郑重地说："不为什么，这里是离我的梦想最近的地方。"

终于有一天，女孩微笑着站在了自己的舞台上，用并不惊艳但却很温暖的嗓音感动了所有在场的人——她就是曾被评为"最具真实感的歌手"的刘若英。

你一定会明白，一个独一无二的梦，不可能是两个人一起完成的，梦想，注定了一场孤独的旅行。

梦想是动力之源。如果做自己真正感兴趣的事，或者是通过规划知道自己是目前暂时的辛苦是为了将来做自己真正感兴趣的事，获得更大的成功和幸福，实现自己内心深处的愿望而做准备的话，每个人都会充满工作的激情。

1892 年夏季，一场强度很大的暴风雨袭击了美国密苏里平原，一夜之间摧毁了无数人们赖以生存的农庄和房屋。有一个小男孩儿的家也在这场风雨中被毁了，一家人陷入了绝境，生活也更加贫穷了。

不久，一位演说者到了瓦伦斯堡的集会上演讲，鼓励人们树立信心，重建家园。那个演说者雄辩的技巧、慷慨激昂的热情和扣人心弦的故事深深地影响了男孩。男孩儿忽然产生了一个强烈的愿望，那就是成为一个演说家。虽然，笨拙的外表、破烂的衣服和少了一根食指的左手总是让他在之后相当长的一段时间里都感觉非常自卑，但他没有忘记自己的梦想。

1904 年，这个男孩儿高中毕业了，考上了密苏里州华伦斯堡州立师范学校。为了实现自己的梦想，他开始参加各类的演讲比赛。开始时，他连连失败，男孩儿心灰意冷，甚至对自己的能力产生了怀疑。又一次的比赛结束后，他拖着疲惫的身子往家走，路过一座桥时，他停了下来，久久地望着下面的河水。他的心情无比的沮丧和绝望。

“孩子，为什么不再试一次呢?”父亲来到了男孩儿的身后，眼神中充满了信任与鼓励。父亲的话犹如警示一样给了他豁然开朗的感觉。对呀，为什么不再试一次呢？于是，男孩儿又一次鼓足了勇气。在接下来的两年中，瓦伦斯堡的人们几乎每天都可以看到一个身材颀长、清瘦、衣衫破旧的年轻人，一边在河畔踱步，一边背诵着林肯或者戴维斯的名言。他是那么全神贯注，以至达到了忘我的地步。拿破仑有句名言：“当最困难的时候，就是离成功不远了。”有时候尽管离梦想的距离看似依然遥远，但日积月累的经验、战风斗雨的自信以及胸有成竹的口才已让男孩的心态与往昔发生了很大的变化。

终于，满怀信心的男孩坚持到了成功的时刻，迎来了人生的春天。

1906 年，男孩儿的一篇以《童年的记忆》为题的演说，获得了勒伯第青年演说家奖。这是他第一次品尝成功的甘甜，这份讲稿至今还存在瓦伦斯堡州立师范学院的校志里。

这个男孩儿就是戴尔·卡耐基，美国著名的成人教育家、心理学家和人际关系学家。他的《成功之路》系列丛书创下了世界励志图书销售之最。

梦想是生命中的灯塔。她永远都在生命路上的前方，远远地，照亮你的路。人有了梦想，才会有希望，才能走向美好的未来。

2. 人生最重要的是知道自己去哪里

很多人都知道这样一个哲理故事：

三只猎狗追一只土拨鼠，土拨鼠钻进了一个树洞。这只树洞只有一个出口，可不一会儿，从树洞里钻出一只兔子。兔子飞快地向前跑，并爬上一棵大树。兔子在树上，仓皇中没站稳，掉了下来，砸晕了正仰头看的三只猎狗，最后，兔子终于逃脱了。

故事讲完后，老师问："这个故事有什么问题吗？"有学生说："兔子不会爬树。"又有人补充道："一只兔子不可能同时砸晕三只猎狗。""还有呢？"老师继续问。直到学生们再找不出问题了，老师才说："可是还有一个问题，你们都没有提到，土拨鼠哪里去了？"

在追求人生目标的过程中，我们有时也会被途中的细枝末节和一些毫无意义的琐事分散精力，扰乱视线，以至中途停顿下来，或是走上岔路，而放弃了自己最初追求的目标。

不要忘了时刻提醒自己，土拨鼠哪儿去了？自己心目中的目标哪儿去了？有的人一生忙碌，但一事无成，便是因为没有目标，导致人生的航船迷失了方向。

西方有句谚语说："如果你不知道要到哪儿去，那通常你哪儿也去不了。"一个人要达到目标的关键在于，一定要先知道想要什么，或者说你的梦想是什么。

为什么世界上大部分的人都碌碌无为呢？关键是他自己不知道自己要走的人生方向，也没有具体的目标。

就像一艘行驶在大海里的轮船，即使装满了足以来回两岸的燃料，如果方向盘失灵，轮船就会失去方向，如果它能到达彼岸，那肯定是偶然。不管轮船有多么先进，轮船工作人员多么卖力、多么聪明、多么能干，只要不修复方向盘，就基本上注定了轮船将会在大海里耗尽燃料而无法抵达彼岸。人生也是一样，如果没有明确的方向，不管你有多么强的能力，多么高的智商，多么卖力地工作，你的所有一切将会像方向盘失灵的轮船一样，无法抵达目的地。

当我们对未来感到迷茫时，应该驻足，澄清思想，看看自己有什么样的优势、资源，未来的发展方向在哪里。

在迈克求学的道路上，一直遭遇失败与打击。他刚读高中时，校长就对他的母亲说："迈克恐怕不适合读书，他的理解能力实在太差了。"

迈克的母亲听见校长这么说，非常伤心失望，她马上带着迈克回家，决定要靠自己的力量，好好地培养他成材。

可是，不管母子俩怎么努力，迈克对于读书实在有心无力，但他很孝顺，为了安慰母亲，即使读得再吃力，也从来没有放弃过。

有一天，读书读得心烦的迈克，路过了一家正在装修的超市，发现有个人正在超市门前雕刻一件艺术品。

没想到，迈克这一看居然看得出神，停下脚步好奇而用心地观赏着，一下子产生了极大的兴趣。

此后，母亲发现迈克只要看到一些木头或石头，便会认真而仔细地按照自己的想法去打磨、塑造，但是对于读书一事，却开始放弃了。

母亲着急地劝他，最后迈克不得不听从母亲的叮咛继续读书，只是那时他已经开始迷上雕刻了，他一直无法放下手中的雕刻刀。

迈克最终还是让母亲彻底失望了，当落榜通知单寄到家中，母亲对他说："孩子，你走自己的路吧！你已经长大了，没有人必须再为你负责。"

迈克知道，自己在母亲眼中是个彻底的失败者，他在难过之余做了个决定，要远走他乡，寻找自己的未来。

许多年后，有座城市为了纪念一位名人，决定在市政府门前广场上放置名人的雕像，当地的雕塑师纷纷献上自己的作品，希望自己的大名也能与这位名人联系在一起。

但是，最后评选的结果，却是一位远道而来、名不见经传的雕塑师胜出。

在落成仪式上，这位雕塑大师发表了讲话："我想把这件雕塑作品献给我的母亲，因为，我读书时无法实现她的期望，我的失败更令她伤心失望过。但是，现在我想告诉她，虽然大学里没有我的位置，可是，现在我总算找到了一个属于自己的位置，一个成功的位置。母亲，今天的我绝对不会让您失望了。"

获奖的人正是迈克，而站立在人群中的母亲，更是喜极而泣，她现在才明白，儿子原来一点也不笨，但愚笨的她差点把孩子放错了位置。

奥利弗·温德尔·霍姆斯说："人生在世，最紧要的不是我们所处的位置，而是我们前进的方向。"何时、何地以何种方式开始我们的一生，这是无法选择的。我们生下来就处于一种身不由己的环境中。但随着年岁的增长，我们的选择就越来越多。我们可以选择在哪里居住，跟谁结婚，干什么工作。我们可以选择人生的方向，年纪越大的人，就会做出越多的人生选择，就越应该为自己的处境负责。

有一个人，梦想成为作家，但他出身于家境落后的寻常百姓家，从小喜欢读书却因为家里穷而读不起书，更不可能买回所有想看的书，他就利用给人打工的机会，走遍周围的很多村庄，借阅了所有人家能找到的书。或许是厚积而薄发，他创作了许许多多如《檀香刑》那样的一些著作，终于在他人到中年57岁时站上了诺贝尔文学奖的巅峰，一时引起了全世界文坛的轰动。不用说，他就是自称“讲故事的人”的莫言。

白岩松为郑州大学的学生演讲时说过这样一段话：“理想不能天天想，天天想就没办法过眼前平常的日子了。如果你拥有一个清晰的理想（目标），把它藏在心里头，努力做好眼前的每一件事情。也许，一段时间过后，你一抬头会发现，哟，这不是那个叫作理想的东西吗?”“理想”这个词，能让人瞬间眼神发亮，因为它轻易地就触及了人内心最柔软的地方。

梦想不是一日看尽长安花。哪怕是一只蚕，只要有时间和耐心也能够把桑叶变成云霞般的彩锦。埋下头来一小步一小步地走，哪天抬起头说不定看到的就是那片你期待了很久、花拥锦簇的地方。就像哲人说的，梦想有脚，它自己回家了。

3. 内心呼唤什么，就会得到什么

梦想是美丽的，它是人心底最美的期盼，所以美梦成真也成了我们长久以来的信仰。文学大师林语堂说：“梦想无论怎样模糊，总潜伏在我们心底，使我们的心境永远得不到宁静，直到这些梦想成为事实为止。”每个人都渴望着健康、幸福、安全、内心的平静和真诚地表达自我的能力。只要你能改变自己的精神状态，倾听自己内心的渴求（它永远都是不平静的），就会有无数美梦在心中呈现。

如果你的心态开放，善于接受新鲜事物，那么不论何时何地，潜意识中的无穷智慧都会提供给你所需的一切知识，对人的心理和行为产生影响，并通过议论、行动、表情、服饰或环境氛围，使其接受有暗示作用的观点、意见或按暗示的方向去行动，持续激发你的思想和创意，最终引领着你走向一个妙不可言的世界。更让人惊奇的是，你童年时期建立的所有信念和行为模式，至今依然存在于你的内心之中，它们不时浮现，并且影响着你的生活。

有一个大学生看中了一部漂亮的跑车，他很喜欢它，就跟他父亲讲：“爸，我看中了一部跑车，我很喜欢它，你能不能在我大学毕业后买给我？”他爸说：“可以，你大学一毕业我就买给你，就当作是我送给你的大学毕业礼物。”

他很高兴，因为他知道他爸是很守信用的，同意的事一定会办到。所以他整个大学四年学习都很用功，他知道毕业后，他就能拥有这部梦寐以求的跑车。虽然读书期间他还没有拥有，但是他的心中已经拥有了，所以他充满了感激和喜悦之情。

这就是说，要想真正拥有一件东西，首先必须是心灵上拥有。祈祷就有这样神奇的效果。你想拥有什么美好的事物，就静下心来，在内心虔诚地祈祷。想让潜意识发挥作用，你就要全身心地相信。

圣经上有一句话："要求，就会给予；寻找，就会发现；敲门；就会打开。"这是一种信念。有什么样的信念，就会导致什么样的结果。

人的行为是受信念支配的，而人们所创造的结果是由行为产生的。所以也可以这样说，有什么样的信念，就会导致什么样的结果。

"信念"两个字从字面上去理解，很有意思。所谓"信"就是"人言"——人说的话，所谓"念"就是今天的心。"信念"二字合起来，就是"今天我的心对自己说的话"。美好的愿望，是自己给自己开出的支票。

他 1929 年出生在匈牙利首都布达佩斯的一个犹太人家庭，父亲是个木材商人。由于从小天生的呆笨，小伙伴们都嘲笑地喊他"木头"，意思是说他就像他父亲店里出售的木头一样。他确实名副其实，一点儿也不聪明，九岁之前，除了因为遵守秩序在学校里获得过一枚玩具螺丝钉外，再没有获得过什么奖励。

在他十二岁时，他做了一个梦，梦到有位国王给他颁奖，因为他的作品被诺贝尔看上了。当时，他很激动，很想把这个梦告诉别人，但又怕被人嘲笑，最后，他只告诉了妈妈。

他的妈妈听了他的讲述，认真地说："假如这真是你的梦，你就有出息了！我曾听说，当上帝把一个不可能实现的梦，放在谁的心中时，就会真心想帮助谁完成的。”

妈妈说完，他就开心地跳了起来，他信以为真了。男孩从来没听说过梦想和上帝还有这层关系。他想，他真是天下最幸福的人！世界那么大，上帝却一下子就选中了他。为了不辜负上帝的期望，从此他真的喜欢上了写作，每天把自己的见闻和感想都记在作文里。

可是，三年过去了，上帝没来。又三年过去了，上帝还是没有来。就在他还没期盼到上帝的帮助时，希特勒的部队却先打来了。作为犹太人，他被关进了德国纳粹分子设在波兰的奥斯威辛集中营，后来又被转移到德国境内的布痕瓦尔德集中营。在那里，他靠着“生存就是顺从”的信念活了下来。直到1945年被苏军解放。

“我又可以从事自己梦想的职业了！”他怀着这种心情走出集中营。1965年他终于写出了他的第一部小说《无法选择的命运》。1975年，他又写出他的另一部小说《退稿》。之后他又写出一系列作品。

这时候，他已经长大成人，他已不再关心上帝是否会帮助他。又过了二十几年，瑞典皇家文学院宣布：把2002年的诺贝尔文学奖授予匈牙利作家凯尔泰斯·伊姆雷。

他听到后大吃一惊，因为凯尔泰斯·伊姆雷正是他的名字。

当人们让这位名不见经传的作家谈谈自己获奖后的感受时，他说：“没有什么感受，我只知道，当你能说我就喜欢做这件事、再大困难我都不在乎时，上帝就会抽出身来帮助你。”

4. 信念，是人内心最强大的力量

在美国纽约，曾有位年轻的警察叫亚瑟尔，在一次追捕行动中，他被歹徒用冲锋枪射中左眼和右腿膝盖。三个月后，当他从医院里出来时，完全变了样：一个曾经高大魁梧、双目炯炯有神的小伙，现已成了一个又跛又瞎的残疾人。然而，亚瑟尔不顾任何人的劝阻，继续参与抓捕那个歹徒的行动。为此，他几乎跑遍了整个美国，甚至为了一个微不足道的线索独自一人乘飞机去了欧洲。

九年后，那个歹徒终于在亚洲某个小国被抓获了。当然，亚瑟尔起了非常关键的作用。在庆功会上，亚瑟尔再次成了英雄，许多媒体称赞他是全美最坚强、最勇敢的人。然而半年后，亚瑟尔却在卧室里割脉自杀了。

在他的遗书中，人们读到了他自杀的原因："这些年来，让我活下去的信念就是抓住凶手……现在，伤害我的凶手被判刑了，我的仇恨被化解了，生存的信念也随之消失了。面对自己的伤残，我从来没有这样绝望过……"

人生需要信念，人的一切追求又何尝不是如此呢？人生的旅程是遥远的，只要双脚不息地前行，道路就会向远方延伸。有信念的人，就会去主动追求他的信念。譬如说：我要在工作上干得出色，我要努力从事所热爱的航空事业，我是个爱憎分明的人，要为所爱的付出一切等等。很多人都喜欢那种感觉：有个目标，有个信念，有个向往，让我努力，给我痛苦，给我开心，也给我无悔。信念是人们内心独守的一种信心和理念，是认知、情感和意志的有机统一体，是在一定的认识基础上确立的对某种思想或事物坚信不疑并身体力行的心理态度和精神状态。它是一种强大的精神支柱。

有一位弹奏三弦琴的盲人，非常渴望在有生之年能睁开眼睛看看这个世界，于是他寻遍各国名医，却找不到一个人能帮他达成这个愿望。

有一天，这位盲人琴师碰见一位江湖道士，这位道士居然对他说："我可以给你一张保证治好眼睛的药方，不过你得弹断 1000 根琴弦，才可以打开这张纸，否则这帖药方就无法生效。"

拿到这个秘方的琴师，开心地带了一位也是双目失明的小徒弟，四处行走卖艺，尽心地以弹唱为生，生命充满了希望的能量。

一年又一年过去了，当他弹断了第 1000 根弦的时候，琴师便急着找出藏在怀里的药方，并请明眼的人代他看看上面写了些什么样的药材。明眼人接过纸条一看，却不解地说："你会不会被人耍啦？这只是一张普通的白纸，上面并没有任何字啊！"

琴师一听，感到一阵晴天霹雳，忍不住难过地流下了眼泪。

但转瞬间，他突然明白道士要求的"弹断 1000 根弦"的真正意义，正因为有着这个"希望"，才支持着他尽情地表演下去，更让他带着自信与希望，走过了 53 个年头。

一天午后，这位盲眼的老琴师，找来同样双眼失明的徒弟，他没有把故事的真相告诉他，反而郑重地将这张白纸，转交给这个也渴望看见光明的弟子。

信念能强化人的自信心和勇气，使人更加坚强和执着。信念是人生征途中的一颗璀璨明珠，既能在阳光下熠熠生辉，也能在黑夜里闪闪发光。当你行走在阳关大道时，切勿忘记道路上还有泥泞。有时候不是一些事情做不到，才会失去自信，而是因为失去自信，沉浸在逆境中无法自拔，事情才显得难以做到。

内心强大的人，也就是真正有坚定信念的人，或者说真正有信念的人，也是内心强大的人。这样的人，即使身处世俗世界里的所谓逆境困途，他的内心也是平和的、自信的，且是充满快乐的。因为，他的世界不再只是世俗世界，他还有自己独有的完美的内心世界，在这个世界里，他有自己的幸福标准与快乐标准；在这个王国里，他享受着别人无法享受，也无法理解的幸福与快乐。

5. 你自己才是真佛

有一个不信神的学生，问一所修道院的看护长说："我若问你的神要一百元，你想他会给我吗?"看护长温和地回答他说："若你今天初次看见总统，你将开口向他要钱吗?"学生说："不，我要等到与他熟悉的时候。"看护长接着说："若你今天初次见神，你也不会只是向他要钱；你必向他求更为宝贵，更为需要的东西。"学生问说："什么是比钱更宝贵更需要的东西呢?"看护长回答："罪得赦免，得以重生，以及内心改变。此后才好再求别的东西。"

向神祈求，只是为了增添自己内心的力量。我们每个人的内心总是有两面镜子。一面强大，一面脆弱；一面真实，一面虚幻；一面朝阳，一面背光；一面快乐，一面悲伤；一面春暖花开，一面冷若冰霜；一面与你同行，一面孤寂远去。如果你内心充满正能量，那你就会足够自信，无须向上天祈祷。

有一个人，他穷得叮当响，给一个大户人家做马夫。这个人家很富裕。他问自己的主人："怎样才能富裕起来呢?"

主人认为这个问题很复杂，像一道永远也解不开的数学题，但他好像很明白的样子说："只要买一座神像放在家里供着，就可以变得富裕起来了。"马夫信了。

过了几天，富人就开始吃喝嫖赌，把钱财都花掉了。不过他死前却在神像里藏了很多金币。

他要死了，把儿子叫到身边，说：“你不要把神像卖掉，宁愿摔了也不要卖。”

他的儿子以为父亲在说胡话，就没当回事。可他穷得不行了。家里只有这个神像值钱，就把他卖给了马夫。

这个马夫把它供在家里，天天顶礼膜拜。一年过去了，他仍然没有富裕起来。一气之下，马夫把神像摔了。这时，金币都出来了。他生气地说：“我尊敬你的时候，你却装模作样，我把你打碎了，你这时才知道来帮助我。”

我们总是过多地将注意力放在外在的世界，过度地依赖他人，抱怨客观环境，却忽略了自己内心丰富的小世界。你还在等待别人的帮助吗？或者期望上帝赋予的“神奇力量”？

别再等待了，因为只有你，才能将身上的潜能发挥出来，也只有你，才能主宰自己的命运。再来看一个故事。

有个贫穷的工人在帮农场主人搬运东西时，不小心打破了一个花瓶。农场主人看见后，要求他一定要赔偿，但是三餐都成问题的工人，哪里赔得起这么昂贵的花瓶？

苦恼的工人只好到教堂，向神父请教解决的办法。

神父听完工人的问题，他说：“听说有一种能将碎花瓶粘好的技术，不如你去学习这种技术，只要能将这个花瓶修补、复原，事情不就解决了？”

工人听完后却摇了摇头，说：“哪有这么神奇的技术？要把这个碎花瓶粘得完好如初，根本是不可能的事。”

神父指引他说：“这样吧！教堂后面有一个石壁，这石壁能将人的声音传到天上去，只要你对着石壁大声说话，上帝便会答应你的要求，去吧！”

于是，工人来到壁前，大声对着石壁说：“上帝，请您帮帮我，只要您愿意帮助我，我相信，我一定能将花瓶粘好！”

工人的话一说完，上帝便立即回应他：“一定能将花瓶粘好！”

工人真的听见了上帝的承诺，于是，他充满自信地向神父辞别，朝着“复原花瓶”的高超技术迈进。

一年以后，经过认真学习与不懈努力，他终于学会了粘贴碎花瓶的技术。结果他将农场主人的花瓶复原得天衣无缝，令人赞叹！

这天，他将花瓶送还给农场主人后，再次来到教堂，准备向上帝道谢，谢谢他给予的协助与祝福。

神父将他再次带到教堂后面的石壁前，并笑着对诚恳的工人说：“其实，你不必感谢上帝。”

工人不解地看着神父：“为什么不必感谢？要不是上帝，我根本无法学会修补花瓶的技术啊！”

神父笑着说：“其实，你真正要感谢的人，是你自己啊！因为，这块石壁具有回音的功能，当时你听到的‘上帝的声音’，其实就是你自己的声音啊！而你，就是你自己的上帝。”

人要勇敢地做自己的上帝，因为真正能主宰自己命运的人，不是别人而是我们自己。当你相信自己能够改变命运时，脚步便会慢慢地移动，一步步地实现心中的愿望。

6. 多给自己一点积极暗示

有一位中学老师在给同学们讲物理课时，手里拿着一个苹果，慢慢地从每个人的座位旁经过，边走边说：“请大家集中精力，注意闻空气中的味道。”

然后，他回到讲台上举起苹果问：“有哪位同学闻出来了？”

有个学生站起来说：“我闻到了苹果的香味！”

“好，还有其他同学闻到了吗！”

同学们左看右看后没人回答。

“我再让大家闻一遍，请大家注意空气中的苹果味！”

最后，他回到讲台问：“这次大家有没有闻到苹果的香味？”

这次绝大多数学生举起了手。

“大家闻到了什么？”老师问

“苹果的香味！”大家异口同声地回答。

“可是，”老师说，“这只是一个假苹果，它并没有苹果的香味！”

学生们并非有意撒谎，这其实就是心理暗示在起着作用。

麦克阿瑟将军曾经勉励他的士兵们说：“你有信仰，你就年轻；你若疑虑，你就衰老。你有自信，你就年轻；你若恐惧，你就衰老。

你有希望，你就年轻；你若绝望，你就衰老。”利用自我暗示，可以帮助自己寻找适合的目标，并让你在改变自己心态的同时，激发自己的潜能。

据相关科学实验证实，意识以一种量子的形式存在，国内外很多濒死的实验证明，意识不会随着人的出生和死亡而消失，它从另一个角度被解释为灵魂。科学家这样说：“你就是这个世界上最强的磁铁，你这里的东西……会发散出比任何东西都还要强的吸力，对整个宇宙发出呼唤，把和你振动频率相同的东西吸过来！”

威廉·丹佛斯是布瑞纳公司的总经理，据说他小时候长得瘦小羸弱，而且志向不高。因为，每当他面对自己瘦弱的身体，信心就完全丧失了，甚至心中还经常感到不安。直到有一天，他遇见了一位好老师，人生观才从此改变。

上课的第一天，老师便把威廉找来，对他说：“威廉，我从你的自我介绍中发现，你有一个错误的观念！你认为你很软弱，那么你就会变得越来越软弱！让老师告诉你，其实你是一个非常强壮的孩子。”

小威廉听到老师这么说，惊讶地问道：“是吗？怎么可能呢？我怎么可能是强壮的孩子？”

老师笑着说：“当然是喽！来，你站到我的面前！”

只见小威廉乖乖地站到老师面前，并听着老师的指示：“你看看你的站姿，从中就可以看出，在你心中只想着自己瘦弱的一面。来，仔细听老师的话！从现在开始，你脑海里要想着‘我很强壮’，接着做收腹、挺胸的动作，想象自己很强壮，也相信自己任何事都能做到，只要你真的去做，也鼓起勇气去行动，很快地你就会像个男子汉一样！”

当小威廉跟着老师的话做完一次后，全身忽然间充满了力量。

丹佛斯 85 岁的时候，依然活力十足，因为他一直遵行着老师的教诲，数十年来从未间断。每当人们遇到他时，他总是声音饱满地喊：“站直一点，要像个大丈夫一样！”

利用自我暗示的力量，灌输给自己正面的意识，在改变自己的同时，可以更加了解自己，也对自己更具信心。

每一个人都会在一生中受到暗示的巨大影响，也许他本人并未意识到。暗示具有巨大的力量，不论是好的还是不好的暗示，其影响都是十分强大的。孙中山先生说：“心，信其可行，则移山填海之难，终有成功之日；心，信其不可行，则反掌折枝之易，亦无收益之期。”心灵的力量是一种精神能量和心理潜能是一种思想感召力。

7. 未来不确定，唯有去相信

人之所以有紧迫感、恐惧感是因为无法对未来进行预测和防范，对自己的命运无法把握。我们在感慨命运弄人的时候是否认真思考过未来会是什么样的，该对自己的人生进行怎样的布局？

一位心浮气躁、心烦意乱的人去拜访禅师。他问禅师：“我这辈子就注定这么过吗？您说真有命运吗？”

那位禅师说：“有的。”

禅师让他伸出左手指给他看，一面还说：“你看清楚了吗，这条斜线叫事业线，这条横线叫作爱情线，这条竖线叫作生命线。”

然后禅师又让他左手慢慢地握起来，握得紧紧的，问他：“你说这几条线现在那里？”

那人说：“在我的手里呀。”

禅师说：“对，命运就在你的手里，静下心来，调整好你的情绪和心态吧。”

这回那人恍然大悟，谢了禅师而去。

禅师的话说得铮铮有理。命运就在你手里，自己不努力，岂能怪命运不眷顾？我们应该静下心来，反思自己对待工作的心态、工作的方式、工作的能力是不是导致了生活中某些缺憾？

当每个人刚降生到人间的不同角落时，也许就已经注定了他一生的命运，但有时命运往往需要自己后天的创造。怎么才能潇洒地活在世界上？唯有自信，并相信生活、相信未来。

自信是人最珍贵的品质之一，是获致人生成功和幸福的最为重要的一种心态。美国著名的成功学奠基人和励志导师罗杰·马尔腾说：“你成就的大小，往往不会超出你的信心的大小。不热烈地、坚强地希求成功，期待成功，而能取得成功的，天下绝无此理。成功的先决条件就是自信，缺乏自信，就会大大减弱自己的生命力。”

有一个真实感人的故事，发生在旧金山贫民区一个叫辛普森的小男孩身上。辛普森因为营养不良又患有软骨症，六岁的时候，双腿便严重萎缩成弓形。

但残缺的身体，却从未让他放弃心中的梦想，他的愿望是有一天能成为美式足球的明星球员。

从小，他就是美式足球传奇人物吉姆·布朗的忠实球迷，只要吉姆所属的克里夫兰布朗斯队来到旧金山比赛，辛普森一定会跛着步子，辛苦地走到球场，为心目中的偶像加油。

由于家境贫穷，买不起门票，辛普森总是等到比赛快结束时，从工作人员打开的大门溜进去，欣赏最后几分钟的比赛。

有一次，布朗斯队和旧金山四九人队比赛结束后，在一家冰淇淋店里，他终于有机会和心目中的偶像吉姆·布朗面对面接触，而那也正是他多年来最兴奋、最期待的一刻。他大方地走到这位球星的前面，大声说：“布朗先生，我是您忠实的球迷！”

吉姆·布朗和气地向他说了声谢谢，辛普森接着又说：“布朗先生，我想跟您说一件事……”

吉姆·布朗转过头来问：“小朋友，请问是什么事呢？”

辛普森面带一副骄傲的神态说：“我清清楚楚地记着您所创下的

每一项纪录和每一次的攻防哦!”

吉姆·布朗开心地回应着笑容，拍拍他的头说：“孩子，真不简单。”

这时，辛普森挺起胸膛，眼睛闪烁着炽烈的光芒，充满自信地说：“不过，布朗先生，有一天我要打破您所创下的每一项纪录!”

听完小男孩的话，这位体育大明星微笑地说：“哇，好大的口气，孩子，你叫什么名字?”

小男孩得意地说：“奥伦索，我的名字叫奥伦索·辛普森。”

小辛普森怀着伟大的梦想，后来他不仅打破了吉姆·布朗所创下的所有纪录，更刷新了许多新的纪录。

在漫长的人生旅途中，每一个人都有不同的命运。很多人被现实一次又一次击碎了童年的豪言壮语。命运时常的作弄，理想与现实的差距，使人不得不相信命运。然而，未来不确定，一个人只有在自己不能把握自己的命运时，才会相信命运。是的，命运常会给我们许多意外，许多挫折，但命运不是注定的，是靠自己创造改变出来的。唯有相信自己的无限可能，你才能真正地超越自己，提早看见成功的未来。你的未来就掌握在你的手中，一切都等待着你开始行动，等待着你实现每一项“不可能的目标”。

8. 用梦想激发潜能

在我们每个人的生命中蕴藏着巨大的精神财富——潜能，在适当的时候，采用适当的方式，这种潜能就能发挥出无穷的力量，创造出一个又一个惊人的奇迹

高远的梦想可以激发一个人生命中最大的潜能。

俄国戏剧家斯坦尼斯拉夫斯基在排一场话剧时，女主角因故不能参加演出，出于无奈，他只好让他的大姐担任这个角色；可他大姐从未演过主角，自己也缺乏信心，所以排演时演得很糟，这使斯坦尼斯拉夫斯基非常不满，他很生气地说："这个戏是全戏的关键，如果女主角仍然演得这样差劲，整个戏就不能再往下排了!"这时全场寂然，感到屈辱的大姐久久没有说话，突然她抬起头来坚定地说："排练!"一扫过去的自卑、羞涩、拘谨，演得非常自信、真实。斯坦尼期拉夫斯基高兴地说："从今天以后，我们有了一个新的大艺术家。"

美国的笛福森，45 岁以前一直是一个默默无闻的银行小职员。周围的人都认为他是一个毫无创造才能的庸人，连他自己也看不起自己。然而，在他 45 岁生日那天，他读报时受到报上登载故事的刺

激，遂立下大志，决心成为大企业家。从此，他前后判若两人，以前所未有的自信和顽强毅力被激发出来，破除无所作为的思想，潜心研究企业管理，终于成为一个颇有名望的大企业家。

事情非常明显，如果不是斯坦尼斯拉夫斯基的发火使他大姐受到刺激，积聚在他大姐身上的表演潜力便不可能迸发出来。同样，如果不是报上刊载的故事的刺激，笛福森也不可能成为一个大企业家。在这里，刺激起了不寻常的作用。人们常常埋怨社会埋没人才，其实，由于缺乏信心和勇气，很多人自卑、懒惰、安于现状、不思进取，自我埋没的现象也是相当普遍的。如果我们能多给自己一点刺激，多一点信心、勇气、干劲，多一分胆略和毅力，就有可能使自己身上处于休眠状态的潜能发挥出来，创造出连自己也吃惊的成功来。

世界顶尖潜能大师安东尼·罗宾曾讲过这样几段小故事：一位已被医生确定为残疾的美国人，名叫梅尔龙，靠轮椅代步已 12 年。他的身体原本很健康，19 岁那年，赴越南打仗，被流弹打伤了背部的下半截，被送回美国医治，经过治疗，虽然逐渐康复，却没法行走了。他整天坐轮椅，觉得此生已经完结，有时就借酒消愁。有一天，他从酒馆出来，照常坐轮椅回家，却碰上三个劫匪，动手抢他的钱包。他拼命呐喊、拼命抵抗，却触怒了劫匪，他们竟然放火烧他的轮椅。轮椅突然着火，梅尔龙忘记了自己是残疾，拼命逃走，竟然一口气跑完了一条街。事后，梅尔龙说："如果当时我不逃走，就必然被烧伤，甚至被烧死。我忘了一切，一跃而起，拼命逃跑，直至停下脚步，才发觉自己能够走动。

任何伟大的人、伟大的事业都源于一个伟大的梦想。而这样的梦想有一股不可思议的力量催生你的潜能，释放你积极的心态。

1968 年的春天，罗伯·舒乐博士立志在加州用玻璃建造一座水晶大教堂。他向著名的设计师菲力普·强生表达了自己的构想：“我要的不是一座普通的教堂，我要在人间建造一座伊甸园。”

教堂最终的预算为 700 万美元。700 万美元对当时的舒乐博士来说是一个不仅超出了能力范围还超出了理解范围的数字。

当天夜里，舒乐博士拿出一页白纸，在最上面写上“700 万美元”，然后又写下了 10 行字：

（1）寻找 1 笔 700 万美元的捐款，（2）寻找 7 笔 100 万美元的捐款，（3）寻找 14 笔 50 万美元的捐款，（4）寻找 28 笔 25 万美元的捐款，（5）寻找 70 笔 10 万美元的捐款，（6）寻找 100 笔 7 万美元的捐款，（7）寻找 140 笔 5 万美元的捐款，（8）寻找 280 笔 25000 美元的捐款，（9）寻找 700 笔 1 万美元的捐款，（10）卖掉 10000 扇窗，每扇 700 美元。

60 天后，舒乐博士用水晶大教堂奇特而美妙的模型打动富商约翰·可林捐出了第一笔 100 万美元。

第 65 天，一位倾听了舒乐博士演讲的农民夫妇，捐出第一笔 1000 美元。

第 90 天，一位被舒乐孜孜以求的精神所感动的陌生人，在生日的当天寄给舒乐博士一张 100 万元的银行支票。

8 个月后，一名捐款者对舒乐博士说：“如果你的诚意与努力能筹到 600 万元，剩下的 100 万元由我来支付。”

第二年，舒乐博士以每扇 500 美元的价格请求美国人认购水晶大教堂的窗户，付款的办法为每月 50 美元，10 个月分期付清。6 个月内，10000 多扇窗全部售出。

1980年9月，历时12年，可容纳10000多人的水晶大教堂竣工，成为世界建筑史上的奇迹与经典，也成为世界各地前往加州的人必去瞻仰的胜景。

一个伟大的梦想，加上有计划、分步骤地实施，最终成就了水晶大教堂的诞生。正是因为找到了通往梦想的途径，舒乐博士才实现了自己的宏愿。他告诉人们，只要坚守梦想，拥有信心，充分发掘自己的潜能，一切皆有可能实现。

9. 最快的脚步不是跨越，而是继续

在物欲横流的社会里，越来越少的人愿意慢慢坚持去做些什么，而越来越多的人变得急功近利，不断给自己的人生设定最后期限，让自己像一个机器人一样生活。但学习和进步这种事，从来都是要靠脑子和心灵去一点一滴地体会，新鲜事物才能浸润到生命里，而不是靠一个按钮来决定开始和停止的。心里倒计时地生活，却不知道前景在哪里，看到世界万千变化，对未来开始发慌。

最快的脚步不是跨越，而是继续；最慢的步伐不是缓慢，而是徘徊；最好的道路不是大道，而是小心；最险的道路不是陡坡，而是陷阱。

人生在世，必须要顺势而为，有自己的思想、想法、坚定不移的信念，甚至去推翻那些漏洞百出的教条。

有人曾提出一个跨越生命高度的哲学命题：一条毛毛虫要到河对岸去，可是没有桥，没有船，毛毛虫怎样过去呢？答案出人意料，却又在情理之中：毛毛虫变成了蝴蝶，它飞过河去了。

毛毛虫要想过河，必须经过春、夏、秋、冬的演变来完善自己，在茧中经历一番痛苦的挣扎，直到它的翅膀锻炼得足够强壮，依靠自己的力量来破茧而出，才会变成美丽的蝴蝶。这不是苦难，是磨

炼，是生命之中一个必不可少的过程。用一生的经历变成一只非常漂亮的蝴蝶才能飞过河去。在时间的长河里，我们的生命与毛毛虫相比，结果会怎样呢?

几十年前，加拿大有一个小男孩，由于生病导致左脸局部麻痹，嘴角畸形，当他讲话时嘴巴总是歪向一边，看起来十分丑陋可怕。更糟糕的是，他还有口吃的毛病，另外有一只耳朵也什么都听不见。生命中太多的不幸都降临在这个可怜的小男孩身上了。

因为疾病，他有时也会有比较积极的心态。因为左脸局部麻痹，他对别的孩子停落在他脸上的鄙夷目光也没有多少感觉；嘴角畸形，也许是他在随时咬碎别的孩子嘲讽的话语；一只耳朵失聪，他听不到别的孩子的奚落和起哄。他也曾经自卑过，心就像一只脆弱的蛹，任由自己在里面痛苦地挣扎。但他更有奋发图强的决心，他要自己“咬破”那些厚重而令人窒息的“茧壳”的禁锢，成为一只美丽蝴蝶!

为了矫正自己的口吃，他就模仿古罗马一位有名的演说家，每天在嘴里含一块小石子讲话、朗诵。几天下来，舌头和腮部就被石子给磨破了。看着孩子的嘴巴和舌头被石子磨得鲜血直流，母亲心疼地抱着他流着眼泪说：“不要练了，孩子，妈妈一辈子都陪着你。”他替妈妈擦掉眼泪说：“妈妈，书上说，蝴蝶要自己冲破束缚方化茧为蝶。我一定要成为一只美丽的蝴蝶!”

经过男孩不懈的努力，他终于能流利地讲话了。因为他的勤奋和善良，中学毕业时，他不仅取得了优异的成绩，同学和老师也都很喜欢他，从不拿他的相貌开玩笑，并认为那正是上天独有的创造。母亲为他找到一份不错的工作，说：“希望你能像平常人一样平安地度过一生”。他拒绝了，语调铿锵地对母亲说：“妈妈，我要成为一只美丽的蝴蝶!”

1993 年 10 月，博学多才并且在政治上颇有建树的他参加了全国总理大选。谁知，他的对手居心叵测地利用电视广告夸张他的脸部缺陷，然后写上这样的广告词：“你要这样的人来当你的总理吗?”庆幸的是，这种行为不仅没有取得预期的效果，相反，这些极不道德的、带有人格侮辱的攻击招致了大部分选民的愤怒和谴责。各大媒体闻风而动，立刻将这个男孩不平凡的成长经历挖掘并宣扬了出来，赢得了选民们极大的同情和尊敬。他的得票率一路飙升。

“我要带领国家和人民成为一只美丽的蝴蝶”的竞选口号使他以高票当选为总理，并在 1997 年再次获胜连任总理，人们亲切地称呼他为“蝴蝶总理”。

他就是加拿大第一位连任两届的总理——让·克雷蒂安。

挣破禁锢的茧的蝴蝶是美丽的，克雷蒂安冲破了疾病、嘲讽和攻击，最终放飞了生命中最美丽的“蝴蝶”。

人一生中每一段有价值的际遇、跨越都有难度，但这是对我们人生的考验，谁也不能回避。命途多舛，我们经常被围困在命运之“茧”中：出身卑微，一文不名，迭遭磨难，屡战屡败……无论这“茧”多么密集和厚重，我们都要用整个身心去穿越！生命，其实就是一个疗伤的过程，伤了，只能挺胸，哭了，擦干泪水，人生，还得继续：生活需要跨越，人生品质需要跨越，生命的价值更需要跨越。

生命是一个不断升华的过程，同蝴蝶一样，人生的跨越，必须自己完成；跨越是一个漫长的过程，重要的是继续再继续，不能在还是蚕蛹的时候就破茧而出。

10. 能走多远，并不完全取决于鞋子

美国有一个人所尽知的俗语："你要一双鞋子，给你一双袜子。"

在圣诞节的前夜，史密斯先生在自家鞋店玻璃橱前发现了一个捡煤屑的穷小子，衣衫褴褛，穿着一双早已"千疮百孔"并极不合适的鞋子，正盯着橱柜里精美的鞋子，眼睛里饱含着一种莫名的渴望。当史密斯先生问小孩："我能帮你什么忙吗？"小孩回答："我在祈求上帝赐我一双合适的鞋子。"面对小孩子的要求，史密斯先生没有直接送给小孩一双鞋子，而是拿出一双橱柜里最好的袜子，并告诉小孩说："孩子啊，真对不起，你要一双鞋子的要求，上帝没有答应，他说，不能给你一双鞋子，而应当给你一双袜子。"

当小孩子的脸上布满失望与伤心的神情时，史密斯先生边用温水给他洗脚，边给小孩说了一番让他终身受益的话："孩子，我们每个人都会对心中的上帝有所祈求，但是，他不可能给予我们现成的好事，就像在我们生命的果园里，每个人都追求果实累累，但是上帝只能给我们一粒种子，只有把这粒种子播进土壤里，精心去呵护，它才能开出美丽的花朵，到了秋天才能收获丰硕的果实；也就像每个人都追求宝藏，但是上帝只能给我们一把铁锹或一张藏宝图，要想获得真正的宝藏还需要我们亲自去挖掘。关键是自己要坚信自己

能办到，自信了，前途才会一片光明啊！就拿我来说吧，我在小时候也曾祈求上帝赐予我一家鞋店，可上帝只给了我一套做鞋的工具，但我始终相信拿着这套工具并好好利用它，就能获得一切。二十多年过去了，我做过擦鞋童、学徒、修鞋匠、皮鞋设计师……现在，我不仅拥有了这条大街上最豪华的鞋店，而且拥有了一个美丽的妻子和幸福的家庭。孩子，你也是一样，只要你拿着这双袜子去寻找你梦想的鞋子，义无反顾，永不放弃，那么，肯定有一天，你也会成功的。另外，上帝还让我特别叮嘱你：他给你的东西比任何人都丰厚，只要你不怕失败，不怕付出！一定会找到那双最适合你的鞋子。”

三十年过去了，史密斯先生收到了一封信：“你还记得三十年前圣诞节的前夜那个跟你要鞋子的小孩吗？当时你只给他一双袜子，和那比黄金还珍贵的赠言，我现在穿着你的袜子，记着你的赠言，终于在人生的道路中，找到那双最适合自己的鞋子，那就是，美利坚合众国总统。”

面对眼花缭乱的机会，人分成两种，一种停下脚步，另一种仍继续前行。你应该分析在哪条道路上能有所作为，一旦定位准确，并奋力向前，多么坎坷的路也阻挡不了你，你甚至能把道路磨平。

世上绝大多数人，无法享受上帝的格外恩赐，也没有遇到什么贵人，没有那么出众的天分。可是这也是世界的一部分，而这个世界上总有着那么一些人，在不停地向前走着，哪怕是脚上没有鞋。也许有人说你梦想太大不切实际，又有人说你梦想太小胸无大志，有人又对你的梦想不屑一顾，那就不要去解释，没有必要，如果你在乎的他总是不在乎，你梦想的东西他总是不屑一顾，那就不要去管那些人。因为他们不明白，也许那些你想要的东西在他们眼里不值一提，在你心里却是最珍贵也是最重要的东西，因为他们不知道，一个人的梦想也许不值钱，但是一个人努力的脚步很值钱。

11. 不用急，一件件去做

不少人都会有这种感觉：明明手头有干不完的事情，可是会忽然一下不知道该做什么好，拿起一样又放下，做这个的时候寻思那个是不是更要紧。慌里慌张地，时间就悄悄地从指缝间溜走了。最后发现一件事情也没有做好，不免懊恼万分。

每个人都有许多愿望，希望明天的生活更加美好——变漂亮、变健康、有更多的钱花、工作更顺心如意……难道这些都只能是一场白日梦？梦想看起来遥不可及，是因为目标太过模糊，让人感到无从下手。试一试，为自己制定一份够专业的人生规划，它会帮助你将愿望一点一点实现。

所谓人生规划就是一个人根据社会发展的需要和个人发展的志向，对自己未来的发展道路做出一种预先的策划和设计。人生规划使我们在规划人生的同时可以更理性地思考自己的未来，初步尝试性地选择未来适合自己从事的职业，并从学生时代开始培养自己适应未来职业需要的综合能力和综合素质。20 岁之前，多数人的人生经历是相近的，都在学校里度过。而每个人不同的性格爱好和习惯，直接主导着人们的人生方向和目标。所以，走出校园融入社会，很快差异显现，有人直奔目标而去，接下来就是做出突出成就，戴上五彩的光环。有人徘徊踟蹰许多年，还不知方向在哪里，每天都在努力奋斗，成功却遥遥无期。

相信从童年开始，我们每个人都有了自己的梦想，区别是有的人实现了自己的梦想，有的人却将梦想带进了坟墓。你想实现自己的梦想吗？你想人生没有遗憾吗？

1952 年的《生活》杂志曾登载了约翰·戈德的故事，这能给我们不少启示。

戈德 15 岁时，偶然听到年迈的祖母非常感慨地说："如果我年轻时能多尝试一些事情就好了。"

戈德受到了很大的震动，决心自己绝不能像老祖母一样到老了还有无法挽回的遗憾。于是，他立刻坐下来，详细地列出了自己这一生要做的事情，并称之为"约翰·戈德的梦想清单"。

他总共写下了 127 项详细明确的目标，里面包括 10 条想要探险的河流、17 座想要征服的高山，走遍世界上每一个国家，要读完《圣经》，读完柏拉图、亚里士多德、狄更斯、莎士比亚等 10 多位大学问家的经典著作，还想学开飞机、学骑马。

他的梦想还有乘坐潜艇、弹钢琴、读完《大英百科全书》。当然，还有重要的一项，那就是他还要结婚生子。

戈德每天都要看几次这份"梦想清单"，他把整份单子牢牢记在心里，并且倒背如流。

戈德的这些目标，即使在半个多世纪后的今天来看，仍然是壮丽且不可企及的。但他究竟完成得怎么样呢？

在戈德去世的时候，他已环游世界 4 次，实现了 127 个目标中的 103 个。到 1985 年，戈德在经历了 18 次死里逃生的冒险和无数个难以想象的困难后，已达到了其中的 106 个目标。他获得了很大的成功，享有探险家的崇高荣誉，成为英国皇家地理协会会员和纽约探险家俱乐部的成员。他说："我制定了这张奋斗的蓝图，心中有了目标，我就会感到时刻都有事做。""我决不轻易放弃任何一个目标，这样，一有机会到来时，我总是'准备完毕'。"他以一生设想并且完成的目标，述说了他人生的精彩和成就，并且照亮了这个世界。

你有多少个目标呢？完成了多少，还有多少仍在努力中？人的一生要做的事情很多很多，但无论如何，都不要太急，慢慢来，一切都还来得及。

有位哲人说："决心攀登高峰的人，总能找到道路。"强烈的动机可以驱使人超越诸多困境，无须扬鞭自奋蹄。如果你至今仍不清楚自己希望达到怎样的人生高度，那么请你把目标写下来。人生要达成目标没有多少诀窍，那就是像戈德那样，想做的事情，一件件去做。若把一件件小事都做好了，最后就能做成大事。

12. 上帝不会亏待坚守梦想的人

有这样一个立志成功的故事：

蒙提·罗件兹在读初中时，有次老师叫全班同学写作文，题目是“长大后的志愿”。

那晚他洋洋洒洒写了 7 张纸，描述他的伟大志愿，那就是想拥有一座属于自己的牧马农场，并且仔细画了一张 200 亩农场的设计图，上面标有马厩、跑道等的位置，然后在这一大片农场中央，还要建造一栋占地 4000 平方英尺的巨宅。

他花了好大心血把作文写完，第二天交给了老师。两天后他拿回了作文，第一页上打了一个又红又大的 F，旁边还写了一行字：下课后来见我。

脑中充满幻想的他下课后带着作文去找老师：“为什么给我不及格？”

老师回答道：“你年纪轻轻，不要老做白日梦。你没钱，没家庭背景，什么都没有。盖座农场可是个花钱的大工程。你要花钱买地、花钱买纯种马匹、花钱照顾它们。你别太好高骛远了。”他接着又说：“如果你肯重写一个比较不离谱的志愿，我会重新给你一个满意的分数。”

罗伯兹回家后反复思量了好几次，然后征询父亲的意见。父亲只是告诉他："儿子，这是非常重要的决定，你必须自己拿主意。"

再三考虑好几天后，他决定原稿交回，一个字都不改。他告诉老师："即使拿个大红字，我也不愿放弃梦想。"

20年后的夏天，他的这位初中老师带了30个学生来到一座农场庄园度假，农场的规模比当年罗伯兹作文里描述的还要大几倍。离开之前，老师对他说："蒙提·罗伯兹，说来有些惭愧。你读初中时，我曾泼过你冷水。这些年来，我也对不少学生说过相同的话。幸亏你有这个毅力坚持自己的梦想。"

这就是说，一个人只要坚守自己的梦想，上帝就会给你机会去实现。当然，你所坚守的梦想，一定要是你真正想要的，否则，还不如放弃后重新选择。因为人生的道路虽然很漫长，一个人也要走很多的路，但决定命运的也就是那几步。

少年时的斯克劳斯受母亲的影响从小就喜欢时装，他的母亲是个裁缝。斯克劳斯家境贫寒，没有多余的布料来训练他的手艺，于是小斯克劳斯就常常将母亲裁剪后的布角偷来，东拼西凑地做成各种各样的小人衣服。

一次，小斯克劳斯将父亲从自家凉棚上撤下的一块废旧的棚布，制成了一件衣服，这种粗布在当时是专门用于盖棚的，从没有人拿它来做衣服。而小斯克劳斯竟穿着自己做的衣服走在大街上，路过的人还以为他是疯子呢。

斯克劳斯的母亲便建议他向著名的时装大师戴维斯请教，她知道这是儿子的梦想，希望他能成为像戴维斯一样成功的时装设计师。那一年斯克劳斯只有18岁，他带着自己设计的粗布衣来到了戴维斯的时装设计公司。粗布衣服自然没有得到设计公司其他人的好评，但戴维斯却十分欣赏，并将斯克劳斯留了下来。

从此，在戴维斯的鼓励与帮助下，斯克劳斯开始设计粗布衣，由于没有人对这样的衣服感兴趣，它们因此而大量积压在仓库里，就连戴维斯都对自己收留斯克劳斯的决定产生了怀疑。然而斯克劳斯依然坚信自己的衣服会受到人们的欢迎，他从未放弃过设计和改良这种衣服。一个偶然的灵感，斯克劳斯试着将那些粗布衣服运往非洲，销给那里的劳工们。由于那种粗布价格低廉、耐磨，居然很受劳工们的欢迎，很快便销售一空，斯克劳斯取得了成功的第一步。

此后，斯克劳斯又根据布料的特质，将它们做成了适合旅行者穿的款式，竟然又受到了旅行爱好者的欢迎。随着粗布衣一点一点的发展，人们惊奇地发现，这种衣服穿在身上不但随意，还有一种很特别的风味，而且不分季节，任何年龄的人都可以穿。一时间，大家都争着穿起了斯克劳斯设计的粗布衣，后来人们将它称之为牛仔衣，风靡全世界。

不管你想要的是什么生活，不管你有没有努力，最终过没过上你想要的生活，希望你还记得你曾经的梦想。希望有朝一日，你能自豪地说，嘿，这可是我当年的梦想呢！我终于实现了。

13. 打开人生的另一扇门

很多人认为大人物之所以能成为大人物，肯定是从小就树立了远大的理想、崇高的目标。其实在现实生活中，琐屑的理想才是支撑我前进的动力。假如你看到一个小男孩在学木工，千万别以为他日后就会成为出色的木匠，也许他会成为总统；假如你听到一个小女孩说，她的理想是成为一名合格的家庭主妇，你也别过于惊讶，也许她将来会成为影后。当年我的理想就微不足道，所以千万别嘲笑一个人的理想，哪怕它像一棵弱小而丑陋的树苗，但无论土层有多厚，压住它的石块有多重，只要它努力的方向正确，那么它的未来就是光明的。

人生的道路有很多条，当一条道路走不通的时候，你不要丧气，因为你可以尝试其他的道路。有一句名言说："上帝是公平的，他在关闭一扇门的同时，也打开了另一扇窗。"你要做的就是去寻找并打开这扇门！

这一天49岁的伯尼·马库斯像往常一样，提着公文包去公司上班。在二十多年的职业生涯中他勤勤恳恳，兢兢业业，才做到了职业经理人的位置上。他只要再这样干十年就可以安安稳稳地拿到退休金了。可是他万万没有想到，今天是他在公司工作的最后一天。

“你被解雇了!”

“为什么，我犯了什么错?”他惊讶地问。

“不，没有什么，公司发展不景气，董事会决定裁员，仅此而已。”

一夜之间，他从一个受人尊敬的公司经理，变成了一名在街头流浪的失业者，而且已经到了五十而知天命的年纪。有一天他遇到了自己的老朋友——和他一样，同是经理人现在同样遭遇解雇的亚瑟·布兰克，两个人互相安慰，一起寻求解决的办法。

“为什么我们不自己开一家公司呢?”

这个念头就像火苗一样，在伯尼·马库斯的心中一闪，点燃了压抑在他心中的激情和梦想。于是他两人就在咖啡店里，策划建立新的家居仓储公司，一个“拥有最低价格，最优选择，最好服务”的制胜理念的新型公司诞生了，时值1978年春。

这就是美国家居仓储公司，仅仅用20多年的时间，就发展成为拥有775家分店，16万员工，年销售额300亿美元的世界500强企业。

“你被解雇了”是我们最不愿听到的一句话，正是这句话改变了伯尼·马库的一生。人总没有必要走上绝路，当一扇门关上了，你千万不要把自己也关在里面，因为成功的殿堂不止一扇门。

1933年11月19日，他出生在纽约布鲁克林一个普通的工人家庭。从小，他的口才就十分笨拙，即使一句简单的话，他说起来也总是结结巴巴，表述不清。从小学到高中，他的学习成绩一直很差，每次考试，英语都不足70分，口语朗读部分甚至常常不及格，连老师也说他仅仅能混张毕业证书。高中毕业后他打了几年零工，先后做过搬运工，包过冰棍，跟车送货，在澡堂做过搓澡工，还曾在美国联合包裹服务公司当过邮差。但是，由于不善于和人沟通，他的每一份工作都没有超过半年。

19 岁那年，他决心下海。他拿着从亲戚朋友那里借来的 4000 美元，在纽约的一个小镇开了一家餐厅。由于不善于经营，这次创业，他几乎血本无归。

21 岁那年，他和朋友在旧金山合资开了一间海鲜批发部，由于缺乏商业头脑，再次以失败告终。

那一段时间，几乎是他人生最为黑暗的时期，他甚至有过自杀的念头。面对着颓废万分的儿子，母亲不停地安慰他："我们无法因为'说话'而知道更多的事情。因此，如果你今天想要知道一些事情，你首先要做的，就是'聆听'，然后才是很好地表达自己。"从此，他开始发奋学习，并且开始尝试主动与别人沟通。

22 岁那年，他只身从纽约来到南方城市迈阿密，在当地的一家小电台当看门人。在那段时间，每个节假日，他都会到郊外苦练英语发音，旁若无人地对着山谷河流大声呼喊。后来从一本书上得到启示，他甚至经常用嘴叼着东西说话，力求这样也能发出准确的音调。

一个偶然的机会，台里一个主持人生病，他有幸主持了当天的节目，并得到了台长和观众的好评。从此，他跻身主持人的行列。由于其主持风格幽默，话题辛辣，还能照顾到被采访人的情绪，总能在不经意间打开他们的话匣子，并且能够极好地临场发挥，这使得他在业界逐渐有了名气。

1985 年，美国有线电视新闻网看中了他，高薪聘请他担任节目主持人。从那年开始，他在美国有线电视新闻网主持一档现场直播栏目，很快，该节目一炮打响。他的脱口秀节目成为世界上第一个接听全球听众来电的电视谈话类节目，并且逐渐成为整个电视网中收视率最高的一档王牌节目。

他先后采访过5万多个知名人士，这其中包括世界各地的政府首脑、商业巨鳄、娱乐天王和社会领袖。据本·拉登的巴基斯坦传记作者哈米德·米尔记载：这位恐怖魔头自称经常看他的直播节目，因为“我必须通过这些电视频道监视我的敌人的活动”。这也足以窥见该节目的影响力之大。美国有线电视新闻网总裁吉姆·沃尔顿也曾这样形容他：“他是我们识别率最高的一张脸，也是这个国家识别率最高的面孔之一。”

他就是拉里·金。美国有线电视新闻网成立至今30年来，他主持的“拉里·金直播”成功播出了25年，并被“吉尼斯世界纪录大全”收录为世界上持续时间最长的晚间电视谈话节目。他的节目影响了几代美国人，拉里·金本人也被美国《时代》杂志称为“麦克风霸主”。

人的一生有很多东西是很难想到的，就是因为人生的很多“想不到”，才会有那么多人被“成功”纳为“贵宾”，也同样有那么多人被拒之门外。实现梦想，不仅需要的是智慧，更需要有一种敢于推门的勇气。

第七章　洗尽铅华，享受“快”时代的慢生活

人生追逐，我们脚步匆匆，失去、错过、放弃了太多珍贵且美好的东西。转身间，时光逝去，也许我们会想找回遗失的美好，品尝生活的原味。繁华尽处，当有另一番风景。

1. “慢生活”之风徐徐吹来

无数人常说“忙完了这一段，我要做什么什么……，好好放松一下”。不过总是为没有充足的时间去完成该完成的事情而感到焦虑，永远把自己的兴趣爱好和休息时间放在次要位置。

《小王子》的故事里有一个点灯人。起初，他一天只需完成一次工作循环，点灯，熄灯，生活过得十分惬意；但后来星球的自转速度加快了，他可以休息的时间就越来越少，到最后，他每隔一秒钟就要点灯、熄灯，再也没停下来。我们每一个人，都越来越像这个点灯人。

意大利有句谚语：“走得慢，走得健康，才能走得远。”意大利人是最会“放松一下”的，他们对“慢”字有着自己独特的理解，无论是工作还是娱乐，意大利人都不慌不忙，慢生活是他们的一种生活态度。

早在 1986 年，意大利记者卡洛·佩特里尼就发起了“慢餐运动”。他号召大家慢慢进食，享受食物的天然美味。20 世纪 90 年代初，卡尔·霍诺又提出了慢生活的概念，还被人誉为“慢生活家”。1999 年夏天，意大利人布鲁诺·贡蒂贾尼与家人度假时，他因身体不适突然栽入海中，差点撞到海中的岩石丧命。这让他开始改变自己的生活方式，他说：“妻子说这是身体在警告我必须慢下来”。他还成立了“慢生活艺术”组织，并提出了“慢生活”的几大原则，包括“每天早起5分钟享受早餐”、“利用堵车时间和旁边的司机聊聊天”、“早晨别看电视而是读读书报”、“别动不动就说自己没时间”等。

许多人对于异国他乡的心驰神往是源于文学作品的渲染，一部享誉世界的《罗马假日》似乎成了很多人脑海中意大利的缩影，也引领着无数人燃烧了对这片拥有辉煌历史的土地的无尽向往。

弗朗西丝·梅斯写过《托斯卡纳艳阳下》，这是一部非常好看的书，实际上同名的电影可能更精彩，在依然保留着中世纪的宁静与浪漫的土地上，时间优雅地徜徉，诠释什么才是慢生活。如果说意大利人通过马可·波罗游记喜欢上了中国，那么也有很多中国人是通过这部电影、这本书，迷上了意大利。

托斯卡纳的阳光令人终生难忘，秋夏时候，早上5点多太阳就出来了，晚上9点后才缓缓下山，即使是最热的八九月份，在户外阴凉处，穿着短袖衣衫也丝毫不会有酷热难耐的感觉。故此，在托斯卡纳的首府佛罗伦萨，四处都可以看到慵懒的当地人，在教堂前，在广场上，在餐厅外，一支烟，一杯咖啡，乃至一根雪糕，无所事事，却悠然自得。

在意大利很多城镇的餐厅、咖啡馆吃饭或是喝杯咖啡，他们不会觉得你花钱了，就得把你想吃的、要喝的，以最快的速度端上来。他们让你享受的，是环境，蓝天碧海，悬崖上的白房子，傲挺的南欧松，缤纷的鲜花，地中海梦幻般的海景。他们让你享受的是气氛，意大利普遍的闲散下所特有的轻松、愉悦和甜美。

意大利人可能是被上帝惯坏了，做事情也是乐哉悠哉的，还好，这已经作为一个传统被大众以及世界认可了。

换在中国，慢慢吞吞不守时该是多么失礼的表现，该搞黄多少合同和签单。但意大利人就是有着这么一股子傲气——我们就这样，你管不着，你接受不了就换个国家，反正我们就是这样子了。这不是意大利人待人不热情，这是他们的一种生活态度。意大利人突出的不是慢，而是细心、细节和精致。不论是米兰大教堂令人震撼的哥特式建筑，还是文艺复兴时期达·芬奇的雕像，抑或蒙提拿破仑街口林立的国际一线时尚品牌店面，都充满独具特色的意式风情。真正去过意大利的人会发觉这个国家的迷人之处远远不止是它璀璨的历史文明，更有独具地中海风情的时尚浪漫，并将慢生活之风吹遍世界。

十几年时间来，“慢生活”之风日益盛行，这股清风徐徐吹来，也使我们的心灵产生了返璞归真的悸动。

在生活和工作节奏不断加快的社会风气下，缘何这样一个貌似与时代节奏格格不入的理念会风靡全球？

品味世界万象，反思生活本源，当我们正坐在一个公认的“快”时代列车上飞速而进时，窗外的一切美丽风景也会如流水般从眼前逝去。红尘中人，在自己事业、家庭或爱情的道路上，一路狂奔，冷漠了亲情，背弃了道义，甚至连做人的原则也随手扔在了荆棘的丛林，也丢失了心灵深处最美的纯真与憧憬。

“慢生活”是相对于当前社会匆匆忙忙的快节奏生活而言的，是另一种思维方式和生活方式，“慢”是一种意境，一种理念，一种回归自然、轻松和谐的意境。

当代学者林语堂，他崇尚“自由和淡泊”。在《生活的艺术》一书中写道：“让我和草木为友，和土壤相亲，我便已觉得心满意足。我的灵魂很舒服地在泥土里蠕动，觉得很快乐。当一个人悠闲陶醉于土地上时，他的心灵似乎那么轻松，好像是在天堂一般。事实上，他那六尺之躯，何尝离开土壤一寸一分呢?”他所追求的不只是慢生活，而是境界更高的慢灵魂。“慢”已不容置疑。“慢”的智慧需要我们去探寻。

传说，有一个叫风之城的地方，矗立在一片连绵的群山和一个高原湖泊之间。每当风吹过人们的面颊，他们就会忘记过去的一切。很多人背井离乡，来找这个风之城，然后站在城池的垛口，敞开胸怀，让风把一切的烦恼忧伤，一切的伤痛吹走。然后，就在这世外桃源留下来，成为目光清澈的子民。

这就是彩云之南的大理，这个风花雪月的城市，一个让一切重新开始的地方，无论是金庸还是琼瑶笔下描写的大理都美得让人心醉。

来此之前，你要把自己清空，放下杂念，可以闻到大理的春夏秋冬。只要你的心是一个空空的篮子，就能盛装大理的野花、蔬菜和水果；才能包容流云、清风和明月。只要你进入大理的地界，那东边洱海温柔的天光，西边苍山氤氲的云影，就是一部浪漫影片的布景。无车马颠簸之苦，无身心奔波之累，犹如一曲行云流水，把人从红尘的烦琐和无奈中拉脱出来。临水而坐，听一首古筝曲，那些数不尽的欲望，那些都市里推杯换盏的喧嚣，那些流于虚情假意的浮华都悄然远去。

还有洱海下关的风和美丽的传说更让人进入另一种境界。相传在苍山斜阳峰上住着一只白狐狸，她爱上了下关一位白族书生，于是化作人形和书生交往。他们相爱的事被洱海罗荃寺的法师罗荃发现了，他不容他们在一起，便施法将书生打入洱海，化为石骡。白狐狸为救心上人，想借用观音菩萨的六瓶风力，把海水吹干让书生和自己团圆。白狐狸不辞艰苦，经过万水千山，冲破了重重魔障，来到了南海普陀山观音菩萨的莲花宝座前求助，终于感动了观世音菩萨亲往洱海救人。观音给她六瓶风，让她用瓶中的风将洱海水吹干。当白狐狸带着六瓶风回到下关天生桥时，遭到了罗荃法师的暗算，跌倒在地，打碎了五瓶风，于是大风全聚集在天生桥上，故下关风特别大。

传说虽遥远，却也给大理下关的狂风平添了一丝温柔的情愫和追求幸福新生活的寓意。风声里，不由得会想到艾有青的诗句：

在这座四面是风的城市里，
你注定要迷恋上梦的衣裳：
爱的烈火熊熊燃起，
掘尽了你所有的激情，
摊开你遗忘的梦想，
没有过去，
是生命的一次彻底释然。

迎风走在下关的街头，风撕扯着衣襟，吹走旅途的疲乏和散落的尘埃，令人心旷神怡。一身轻松，临风而歌，你会有一种超凡脱俗的感觉。让自己的心灵享受一片想象中的空彻吧。在临风而立的那一刻感受到新生活开始了。

享受慢生活，你准备好了吗？

2. 生活需要欣赏

在阿尔卑斯山谷中有一条很宽的汽车路，两边景物很美丽，路上插着一个标语牌子劝告游人说：“慢慢走，欣赏啊！”而许多人在这车如流水马如龙的世界过活，恰如在阿尔卑斯山谷中乘汽车兜风，匆匆忙忙地急驰而过，无暇回首流连风景，于是这丰富华丽的世界便成为一个了无生趣的囚牢。这是一件多么可惜的事啊！

随着现代生活节奏的加快，竞争意识的渐趋加强，我们人人确实繁忙。每天生活在无穷无尽的压力下，被文山会海包围着，疲于穿梭于大大小小的各个所谓的很重要的应酬之中，无穷的家事、国事、天下事等待我们去处理………忙碌着，奔波着，没有与家人共进晚餐的机会，没有真正读进去一本好书的时光，没有静下来品尝一杯香茗的淡香的功夫，甚至于就是出去休闲度假也要充当匆匆的过客，只有一两张照片可以让我们过后回忆起似乎去过某地。哎，我们就是忙呀！

确实是这样吗？我们真的连和父母一起吃一顿饭的时间都没有吗？真的连和爱人一起逛街的心情都没有吗？真的和孩子一起嬉戏玩耍的日子都没有吗？真的连读一本书的时间都没有吗？真的连坐下来享受咖啡的一小会儿时间都没有吗？真的连和家人到郊外去感

受大自然的风光的时间都没有吗？实际上，这些我们也都去做了，但是我们做得太快，太匆忙，来不及体会、感受，就跟没有做一样，主要是当时做的心情不一样，浮躁、慌乱、着急。我们的心情都是匆匆的、充满浮躁的，又怎会留下美好的记忆呢？

事实上，我们一定要明白，“快”就像是一柄双刃剑，在提高工作和生活效率的同时，也让我们错过了很多东西。这就像是坐车去旅游，如果你为了贪图快而只是坐在车上不下来，那么所有的风景都将一掠而过。要欣赏风景，只有下车慢慢地走，有些时候甚至是要驻足停留，仔细观赏才行。

有一座山，高耸入云，飞鸟难越，没有人知道它有多高。山前山后有两条路可供攀登，前山大路石级铺就，笔直坦荡；后山小路，荆棘丛生，蜿蜒曲折。

一天，父子三人来到山脚。父亲举手遮阳，眺望峰顶，声如洪钟：“你俩比赛爬上这山；上山有两条路，大路平而近，小路险而远——选择哪条路，你们自己裁夺。”哥俩思忖再三，各自凭着自己的选择，踏上征程。

时间过去了两个月，一个西装革履的身影出现在峰顶，哥哥爬上来了。他面色潮红，略显发福，头发油光可鉴。他骄傲地掸了一下笔挺的襟袖，走向充满期待的父亲，说：“我赢了，我赢了！这一路真是春风得意。在坦荡的大路上我只需向前，向前！舒缓的坡度让我走得从容，平整的石阶使我心旷神怡。这里没有岔道让我伤神，没有突出的山石给我绊脚。我的心灵没有欺骗我，是英明的选择助我胜利。实践证明：在平坦和崎岖间，只有傻瓜才会放弃平坦，选择崎岖。聪明的选择使我有了多么得意的旅程啊。我获得了胜利，我理当获得胜利！”

父亲慈祥地看着他：“你选择得的确聪明，一路走得也十分风光，我的好儿子……”

这之后不知过了多久，又一个身影出现了：他步伐稳健，全身充满着生命的活力；尽管瘦削，衣衫褴褛，但双目炯炯有神，透着聪慧与睿智。弟弟微笑着走向父亲和哥哥，从从容容地讲起路上的故事：“哦，这是多么有意义的一次旅程！感谢您，父亲，感谢您给我选择的机会。一路上陡峭的山崖阻挡着我攀爬的脚步，丛生的荆棘刺破了我裸露的臂膊，疲惫的身心增添着孤独的酸楚。但我坚持住了，终于我学会了灵活与选择，学会了机敏与自护，学会了独立与坚忍。路边美丽的景色，使我放慢脚步享受自然的馈赠。在山脚下，我看见山花烂漫，彩蝶翩翩，于是我与山花同歌伴彩蝶共舞。在山腰，我看见绿草如茵，华木如盖，清澈的小溪静静流淌在林间，朝圣的百鸟尽情放歌于林梢。我拥抱自然的和弦，追逐欢快的节奏。这些往往是我最快乐的时光。可更多的时候是阴冷浓雾的环抱，荆榛丛棘的阻隔。放眼望去，黄叶连天，衰草满路，但我在黄叶林中看到丰硕的果实，从衰草丛内悟出新生的希望。”

最后父亲宣布，弟弟在这次比赛中获胜。

人生是一个峰回路转的旅程。生活中，我们每一天都在行走，尽管所走之路路况不同，脚步大小迥异，但人生处处有风景，曲折经历，会成为一抹明亮的色彩，给生命润上一层更加动人的光泽。在生活的跌宕起伏中，无论经历怎样的风雨，无论路遇怎样的坎坷，都无须抱怨，应该感谢生命赐予我们的所有、感谢生活馈赠我们的一切，正是这些，让我们的生命变得充盈而丰厚。

人生的长卷在向远方铺开，无论你是伤春悲秋，还是留恋不舍，都阻挡不了它前行的脚步。独自走在路上，看沿途的风景，这些经历让我们学会了欣赏，学会了感恩，学会了现实和自持，也学会了删繁就简，安然生活。感谢所有的相遇和别离，就像时光刻在心底的纹路，也曾伤感过，惆怅过，但留下更多的是温暖。

生活，是需要欣赏的。不要过得太匆忙，否则你会体味不出它的香甜苦辣，只有慢慢去欣赏和体味，才会品尝出生活的原味。一个人在世上充其量也活不过三万天，我们为何不好好珍惜在世上的每一年每一天呢？为何不尽量多享受一下人间的温暖，多欣赏一下大自然的绮丽风光，多体验一下为人父母的乐趣？想要做到这些，那就慢慢去欣赏吧！

3. 慢而悠闲是一种生活之美

1845 年 7 月 4 日，梭罗带着一把借来的斧头，来到无人居住的瓦尔登湖边，他在书中写到：“这是一个明亮的、深绿色的湖，半英里长，圆周约一英里又四分之三，面积约 61 英亩。它是位于松树和橡树林中央的岁月悠久的老湖，除了雨水和蒸发之外，这片森林再没有明显的入口和出口，四周的山峰从水边拔地而起……从稍远望去，湖面呈现蔚蓝色。”他花费 28 块 1 毛 2 分，用二手木材建起一座约 14 平方米的小屋，家具仅一床、一桌、三椅，由此开始了在湖畔林中的生活。梭罗开垦了一片土地，种蚕豆、豌豆、土豆、玉米、萝卜，亲手焙制面包。梭罗经过实践发现，他能以 28 元建立一个家，用 0.27 元来维持一周的生活。他以一年中 6 个星期的时间，赚取足够一年的生活费用。剩余的 46 个星期，去做他喜欢做的事。他要遵循本性生活，确定什么是生活中真正必不可少的。

梭罗在日记中写道：“我宁愿独自坐在一只南瓜上，而不愿拥挤地坐在天鹅绒的座垫上。我喜欢独处。我从没遇到过比孤独更好的伴侣。清晨的散步是对一整天的祝福。活过每一个季节；呼吸空气，喝水，品尝水果，让自己感受它们对你的影响。”

他还写到，许多人为了过上越来越奢侈的生活，推动着所有的重负前行。“我曾遇见过多少个可怜的、始终不变的灵魂啊，他们几乎被重负压垮，喘息着爬行在生活的道路上”，“大多数人……被人为的生活忧虑和不必要的艰苦劳作所控制，而不能采摘生活中的美果……一天又一天，没有一点闲暇来使得自己真正地完善……他们没有时间使自己变得不只是一架机器。”“他们把所有时间都花在获得一种生活并保持那种生活之上”，而那种生活并非必需的而是日趋奢侈的。“看哪，人已经变成他们的工具的工具了”。

梭罗认为，这样的生活是“单调而绝望的生活”。他在康科德郊外瓦尔登湖畔的一座小木屋里隐居了 26 个月，每年为最基本的物质需要而劳动的时间，加在一起，总共才 6 个星期，其余时间全部用于阅读、思考和与大自然沟通。他把自己的这种实践称为一次实验，实验的目的是要证明：人完全可以活得更简单、更质朴；人如果在物质生活方面只求满足最基本的需要，他可以活得幸福快乐，活得更从容、更轻松、更充实、更本真；人完全不必、也完全可以做到不在物质的罗网里苦苦挣扎，异化成工具或工具的工具。

田园生活自然快不起来，它最典型的特征就是“慢”、“悠闲”，却也是一种生活之美。

英国某小镇。

这儿，有一个青年人，整日以沿街为小镇的人说唱为生；这儿，有一个华人妇女，远离家人，在这儿打工。他们总是在同一个小餐馆用餐，于是他们屡屡相遇。时间长了，彼此已十分熟悉。有一日，华人女同胞关切地对那个小伙子说：“不要沿街卖唱了，去做一个正当的职业吧。我介绍你到中国去教书，在那儿，你完全可以拿到比你现在高得多的薪水。”

小伙子听后，先是一愣，然后反问道：“难道我现在从事的不是正当的职业吗？我喜欢这个职业，它给我，也给其他人带来欢乐。

有什么不好？我何必要远渡重洋，抛弃亲人，抛弃家园，去做我并不喜欢的工作？”

邻桌的英国人，无论老人孩子，也都为之愕然。他们不明白，仅仅为了多挣几张钞票，抛弃家人，远离幸福，有什么可以值得羡慕的。在他们的眼中，家人团聚，平平安安，才是最大的幸福。它与财富的多少，地位的贵贱无关。

生活于城镇上的人，同样希望过这种慢而悠闲的生活。

林语堂曾说过这样一句话：“希望千年之后的美国文化应该是：街上人们不那么匆忙和拥堵，而是放慢脚步，问候一个行人：你的祖母怎么样？不坐汽车坐牛车，穿着拖鞋悠哉散步。”

放慢脚步是一种轻松安然、从容淡定的美，这美可以使人宁静下来，从而忘掉身边烟火的缭绕和生活的忙碌。大事小事放慢节拍，都会舒缓你的心灵，让你活得自由自在，有滋有味而又无忧无虑，这时，你会发现，这才是自己应该过的日子，为的是养一份清气，喜得一曲浅唱低回、余音绕梁的《声声慢》。

我们的生活是无限广阔的，慢而悠闲的生活同样有着丰富的内容，如闭目聆听一首优美、轻柔的小夜曲或在皎洁如水的月下漫步或举杆垂钓，耐心地等待鱼儿上钩，或清晨起床，沏上一杯清茶，品尝着浓香和世间的无比奇妙，享受着今生往事，同样能陶冶情操，提高精神境界，增强神经中枢功能，由此起到情绪调整和降压作用。林语堂还有句经典语录说：“我们对于人生可以抱着比较轻快随意的态度，我们不是这个尘世的永久房客，而是过路的旅客。”

人生是一场目的地最明确的旅行，尽管经过的风景各不相同，但终点却都是一样的。所以，何必那么匆忙？何必那么急着去赴最后的盛宴？学会放慢自己的脚步，在慢的生活里去感受生活别样的美吧。

4. 选择适合自己的生活

生活可以一成不变，生活方式也可以千变万化，这取决于你对人生的理解与生活态度。一个人活着的价值究竟有多少呢？因何人何事才能使人生价值达到最大值呢？实现了人生的价值就不算在这个世上白来了吗？

每个人都有适合自己的生活方式，谁也不要去看不起谁，不要对别人的生活指指点点评头论足。选择适合自己的人生道路和生活方式，勇敢地接受生活中随之而来的一切，你就获得了一份属于你自己的自尊自信和从容。不必以他人的价值取向作为自己成功的标准，也不必把自尊建立在别人的认可之上，不必将自信放在金钱的天平上称来称去。

生活是一种选择，选择一种职业，选择一个爱人，选择一种生活方式……

可能很多人都知道这样一个笑话：

有这样 3 位外国人：一位美国人，一位法国人，一位犹太人，被关进了监狱，而且都是被判处有期徒刑 3 年。

监狱长是位非常友善的人，他对这 3 个人说：“我可以满足你们每人一个条件。”美国人爱抽雪茄，于是对监狱长说：“您给我 3 箱雪茄就可以了。”第二个提要求的是法国人，而这个人的爱好就是喜欢漂亮的女子，就跟监狱长说：“我想把自己的女友接到监狱里，和她一起关在同一个牢房。”最后提要求的是犹太人，他对监狱长说：“我什么要求都没有，就是想您给我这个牢房里安一部可以和外界联系的电话。”这3个人都分别提出了自己的要求。一转眼3年的时间就过去了。

3年过后，第一个冲出牢房的就是美国人，他嘴里和鼻子里塞满了雪茄，大声喊道：“给我火！给我火！气死我了，我当时光想着要雪茄了，忘记要火了！”

接着出来的是浪漫的法国人。只见这位老兄，手里抱着一个孩子，后面跟着他那位漂亮的女朋友，手里还牵着一个孩子。女朋友挺着大肚子，原来肚子里又怀了一个，3年3个孩子。

最后一个出来的是那位犹太人，整理了一下自己的西装，紧紧地握住监狱长的手说：“谢谢您！这3年来我每天和外界联系，生意没有一天停顿，反而增长了200%，为了感谢您对我的帮助和支持，我送您一辆劳斯莱斯。”

生活，是你自己过出来的。同样的路，有人漫步，有人奔跑，有人驾车……方式不同，结果就会不同。同样的命运，有人笑着抗争，有人哭着哀求，有人静默地承受……态度不同，结果就会相异。没有谁能规定你的生活模式，一切都是你自己的选择。

有些人喜欢简单的生活，朝九晚五的有规律的作息；而有些人就喜欢挑战生活，把不可能变成可能。但是无论是哪种生活方式都离不开人的思维方式，就是看待问题的角度，做事情的态度，什么样的人就会选择什么样的生活，从一个人的生活方式很轻易就可以看出他是个什么样的人。

其实，选择一种生活是不难的，而选择一种适合自己的生活却并非易事。

在河的两岸，分别住着一个和尚与一个农夫。

和尚每天看着农夫日出而作，日落而息，生活看起来非常充实，令他相当羡慕。而农夫也在对岸，看见和尚每天都是无忧无虑地诵经、敲钟，生活十分轻松，令他非常向往。因此，在他们的心中产生了一个共同念头："真想到对岸去！换个新生活！"

有一天，他们碰巧见面了，两人商谈一番，并达成交换身份的协议，农夫变成和尚，而和尚则变成农夫。

当农夫来到和尚的生活环境后，这才发现，和尚的日子一点也不好过，那种敲钟、诵经的工作，看起来很悠闲，事实上却非常烦琐，每个步骤都不能遗漏。更重要的是，僧侣刻板单调的生活非常枯燥乏味，虽然悠闲，却让他觉得无所适从。

于是，成为和尚的农夫，每天敲钟、诵经之余都坐在岸边，羡慕地看着在彼岸快乐工作的其他农夫。

至于做了农夫的和尚，重返尘世后，痛苦比农夫还要多，面对俗世的烦忧、辛劳与困惑，他非常怀念当和尚的日子。

因而他也和农夫一样，每天坐在岸边，羡慕地看着对岸步履缓慢的其他和尚，并静静地聆听彼岸传来的诵经声。

这时，在他们的心中，同时响起了另一个声音："回去吧！那里才是真正适合我们的生活！"

其实，人的生活方式只有两种：走自己的路让别人去说和走别人的路让自己去抱怨。我们每个人的人生都应该是精彩的，每个人都是唯一的。无须和他人相同，无须羡慕他人，只要做好精彩的自己。

5. 翅膀再硬的鸟也得有脚

世界上有一种没有脚的鸟，它的一生只能一直飞翔，飞累了就睡在风中。这种鸟一辈子才会落地一次，那就是死亡来临的时刻。它最终选择像普通鸟一样落地，毕竟翅膀倦了、乏了。

很多人忍辱负重，默默耕耘。也许心里偶尔会想：如果能稍微休息一下，该有多好啊。假如能自由随意一些，生活是否会更美好？可想归想，回到现实，他们仍然为各种看不见的枷锁禁锢着，无法解脱释怀。结局也只能像无脚鸟一样悲惨，只有到了死亡的那一刻才能停下来。

不管你承认与否，现在我们的生活节奏是越来越快了，而且已经快出惯性，慢不下来了。

在家上网，网页打开得稍微有点慢，你是不是就会不停地点击“刷新”？

看见别人发的一个帖子，你想评论一下，是不是总想抢个“沙发”？

本来一件并不是很重要的信函，早点到晚点到也没关系，但你是不是仍会选择用“特快专递”？

在银行排队办理业务，总盼着自己是 VIP，这样就不用排队，马上办理？

这样的例子，在生活中可以说是不胜枚举。

于是我们感觉不公平，我们觉得自己也应该这么“快”。

于是我们就更加卖力地挣钱，梦想着早点成为银行的 VIP 客户；我们费尽心思去找关系，希望认识医院的医生或者是护士。

于是，工作和生活中的方方面面，我们都想找个终南捷径，都想捷足先登。

我们很急，我们很不耐烦，我们真的慢不下来了，快得连我们自己都有点害怕。

如果说快是一种效率，表示我们更加珍惜时间，更能把握机会的话，那么，我们时时处处赶时间，总想抓住一切机会，目的又是为了什么？

米兰·昆德拉在他的小说《慢》中，开头讲到和他妻子开着车在法国公路上行驶，而有一辆车紧紧地跟在后面，转向灯在不停地闪烁，司机就像一只野兽窥视一只麻雀那样等待机会超越过去。他的妻子薇拉说，法国公路上每 50 分钟要死一个人，而这些在周围开车的疯子，就是这批人，看到街上老太太被人抢包时，知道小心翼翼，明哲保身，一坐到方向盘前，怎么就不害怕了呢？作者的回答，可能是这样：伏在摩托车龙头上的人，心思只能集中在当前飞驰的那一秒钟；他抓住的是过去与未来都断开的瞬间，脱离了时间的连续性；他置身于时间之外。换句话说，他出神了，人处在这种状态就忘了年纪，忘了老婆，忘了孩子，因此什么都不害怕；因为未来是害怕的根源，谁不顾未来，谁就天不怕地不怕。

也许这是当今这个快节奏的社会里，大家的普遍状态。无休止的重复与忙碌，很少有人去思考这种生活状态是否是自己真正想要的，我们为什么要这样生活，我们到底想要什么……很多人不得不忙碌，或者说喜欢忙碌，因为他们觉得这样的生活是充实的，而悠闲已被解读为空虚，然而空虚是不安全的，心里是不踏实的，尤其看到周围的人都在忙碌，我们就更不愿自己停下来；只要不停下来，就不用去思考，过去/未来都离自己很远．思考往往是恐惧的来源，麻木则不会害怕；然而相反如果停下来，似乎就不得不去面对过去和未来，而恰恰存在于想象中的东西都是令人感到恐慌害怕的，因此人们害怕去想那难以捉摸的未来，往往更乐意跟随社会的浪潮，去追逐，去超越，不顾一切地奋力向前！

但是，翅膀再硬的鸟也得有脚，意志再坚强的人也有脆弱的时候，在适当的时机停歇一下是非常明智的。

1783 年 9 月 3 日，英国正式承认美国独立。11 月 2 日，在普林斯顿附近的洛基希尔，华盛顿向追随他征战多年的将士发表了告别演说，他说：“你们在部队中曾是不屈不挠和百战百胜的战士；在社会上，也将不愧为道德高尚和有用的公民。”“平民生活的俭朴、谨慎和勤劳的个人美德与战场上更为壮丽的奋勇、不屈和进取精神同样可贵。”最后他公开表达了自己即将退役，过平民生活的热切愿望，“分离的帘幕不久就要拉下，他将永远退出历史舞台了”。两天后，华盛顿乘船离开纽约港，岸边送别的人流如潮。12 月 23 日，华盛顿向大陆会议辞去一切公职，亲手交回了大陆军总司令的委任状，正式解甲归田。然后，回到他日夜思念的故乡弗农山庄。在给一位朋友的信里，华盛顿说：

“亲爱的侯爵，我终于成了波托马克河畔一个普通的百姓，在自己的葡萄架和无花果树下休闲纳凉，看不到军营的喧闹和公务的繁忙。我此时所享受的这种宁静幸福是那些贪婪地追逐功名的军人们，那些日夜图谋策划、不惜灭亡他国以谋私利的政客们，那些时时察言观色以博君王一笑的弄臣们所无法理解的。我企盼能独自漫步，心满意足地走完我的人生旅途，我将知足常乐。”

从上面的信里我们可以看到，从将军到公民，对于华盛顿而言是再平常不过了，就像当初应召入伍为国服务，义不容辞，这是义务，是责任，也是他作为军人的荣誉感，是他做人的基本原则。一旦胜利降临，戏剧落幕，他就坦然地告别这个舞台，没有一丝的犹豫和留恋。

当下，每天每夜人们都在庸庸碌碌地忙着自己的生活，但不管你付出的贡献或大或小，不管你的职责或轻或重，这些都是你的使命，不要那么不满足。在考虑问题时，要多些知足少些计较，只要知足就会快乐。

6. 工作要实干，生活要浪漫

来也匆匆，去也匆匆，这就是现代人的生活节奏。

忙忙碌碌的生活节奏已经被大多数人所认同。工作要扎扎实实地干，这是没有错的。如果说人的一生是一条路，我们前方总有各种各样的风景，有的人没走多远呢，就歇了，他说我累了，而且这里的风景不错啊，干吗还那么辛苦地赶路呢？有的人，即使把许多人远远地甩在了背后，他依然马不停蹄地向前，他或许到了一个地方会停下来看看，又或许，他只是陶醉于赶路的这种感觉，陶醉于别人艳羡的目光，都来不及欣赏风景，又扑向下一个目的地。

然而，人的这一生并不一定要拼命努力。如果艰苦奋斗摸爬滚打能让你感到快乐，那固然是一件好事；但如果你把努力工作当作一种苦役，那就失去了生活的本意。我们通常认为，薪水越多越好，但有一份来自美国的经典调查显示，年收入由 5 万美元涨到 100 万美元的人群，不觉得自己在加薪后的一年中，比过去的一年里更快乐。

心理学家对此现象的解释是：人往往忽略这样一个事实，即当薪水提高时，人的欲望也随之增多了。当拥有健康的身体时，我们不会期望自己更加健康；当拥有一个幸福的家时，我们不会希望拥有两个幸福的家。但对于和金钱有关的物质，我们总是觉得越多越好；于是，在不断追求、满足自己对物质的渴望时，人往往牺牲的是健康、人际关系、家庭、爱情与平和的心境。

我们活着就必须有自己的生活信念、人生宗旨。我们可以追求轰轰烈烈、名垂青史的人生，亦可以固守“宁静以致远、淡泊以明志”，多享受一些人生中的浪漫之事。世上根本没有完美的人生，世间一切能量都是守恒的。学会浪漫，快乐的空间越多，烦恼的空间就越少，只要你自己过得开心、活得自在，你的生活就会很精彩！

苏轼做官的特点：在中央做官，要么是像翰林学士这样的高级政治顾问，要么是像吏部尚书、礼部尚书、兵部尚书这样的部门一把手；在地方做官也是做像知州这样的行政一把手。

苏轼在地方做官最有政绩的是在徐州抗洪抢险和在杭州治理西湖。苏轼做地方官是苦干、实干加巧干。

42 岁时，苏轼任徐州知州，黄河险情万急，苏轼首先稳定人心，调民夫修城墙，调禁军修了一条长堤；科学地治理了黄河水患，然后救济灾民，死死地抵抗了 70 多天，后来修建了一条加固型的长堤。大堤落成后，苏轼修了一座“黄楼”，以表庆祝。秦观和苏辙分别写了一篇《黄楼赋》，陈师道写了一篇《黄楼铭》以表祝贺，其中苏辙写得最好，表现了苏轼苦中作乐的趣味，在挥洒之间成就了黄楼的名声。

54 岁第二次来杭州，做杭州知州，西湖淤泥太多，需要治理。苏轼把挖出来的淤泥堆成长堤，就是有名的苏堤，成了西湖上一道亮丽的风景。修了 3 个小塔，就是后来有名的三潭印月。苏轼是一个浪漫的实干家。

苏轼做地方官始终把民生放在第一位，救济灾民，建设了中国第一家官办医院——安乐坊。

苏轼为官不忘浪漫，坐在小船上在西湖办公，水光潋滟晴方好，山色空濛雨亦奇。欲把西湖比西子，淡妆浓抹总相宜。这真是一种文学家的浪漫情怀，总是在办实事的时候不忘了美感。

心理学家马修·杰波博士说：“浪漫和快乐纯粹是自发的，它的产生不是由于事物，而是由于不受环境拘束的个人举动所产生的观念、想象与态度。”

有位心理医生治愈了很多性情忧郁的病人，只要有人去找他，他便向来人建议——不要为你的享乐设定先决条件：

不要说：“等我赚到一万美元，我才可以好好享乐。”

不要说：“等我上了那架飞往巴黎、罗马、维也纳的飞机，我就高兴了。”

不要说：“等我到了60岁退休时，我就能躺在安乐椅上享受日光浴。”

浪漫生活不应该有“假如”等限定条件。

每天的一个基本目标应该是：你有权自娱，不论你是一位百万富翁或是一个不名一文的流浪汉。

人生其实有很多种从容别致的活法，只是我们太过计较，谁能数载春风长在？谁能将春花秋月尽览？若生命是一幅画，最重要的不是浓墨重彩，而是那一笔留白。有些故事的结局，或悲或喜，早有定数，生命中那曾经的繁华，终会成为过往。过尽千帆，浮沉无我，从容不迫才能品尝人生的浪漫味道。

7. 找回自己的那份纯真

我们每个人都有两个自己：一个是外在的、社会性的、变了形的；一个是内在的、本质的、真实的自己，就是心灵。两个自己需要交谈，如果隔绝太久，日久天长，就失去纯真的自己，褪去骄阳般炽热的抱负，淡忘当年信誓旦旦的雄心壮志。只在记忆的彼岸，依稀记得银铃般的笑声和那无法被玷污的纯真。那时的我们没有太多的心计，我们不懂钩心斗角，我们拥有童年的快乐、纯朴、无私、我们相互关爱，我们在一起开心地玩耍，没有烦恼，没有忧愁。

不知从何时起，人们教育孩子努力刻苦学习，就是为了赢得未来竞争的胜利，这是多么可怕的心灵污染。现在忙碌的我们，也正是在奉行着这样的理念奋斗。在城市化日益发展的今天，曾经的四合院变成了今天的高楼大厦，曾经的羊肠小道也被混凝土掩盖。消去了曾经的朴实，多了今日的浮华。生活在城市的人们，早已习惯了加快脚步。他们有自己的梦想，要在竞争中脱颖而出。但他们却忽略了昔日的纯真，让人与人之间的交往变得世俗与功利；让人与之间的关系少了一些亲情和关爱，多了一些竞争与残酷。

有一位单身女子刚搬了家，她发现隔壁住了一户穷人家，一个寡妇与两个小孩子。

有天晚上，那一带忽然停了电，那位女子只好自己点起了蜡烛。没一会儿，忽然听到有人敲门。原来是隔壁邻居的小孩子，只见他紧张地问：“阿姨，请问你家有蜡烛吗？”

女子心想：“他们家竟穷到连蜡烛都没有吗？千万别借他们，免得被他们依赖了！”于是，对孩子吼了一声说：“没有！”

正当她准备关上门时，那穷小孩展开关爱的笑容说：“我就知道你家一定没有！”说完，竟从怀里拿出两根蜡烛，说：“妈妈和我怕你一个人住又没有蜡烛，所以我带两根来送你。”

此刻女子自责、感动得热泪盈眶，将那小孩子紧紧地抱在怀里。

纯真的“纯”意味着什么？坚信、不猜忌、不自私、没有杂质等。“真”意味着真实、纯净，本来的面貌。刚出生的小孩儿是纯真的，人的本性原本是无私的。由于后天形成的观念、经验，让人开始有了私心和功利心，学会保护自己、怕自己受到伤害，衍生到让猜忌、不信任等不良的习性在主宰着自己，使我们迷失在现代生活的迷宫中。钢筋森林渐渐冷却炽热的心，人们在竞争中苦苦挣扎，甚至在尔虞我诈中苟延残喘，一颗颗焦虑、紧张的心只能藏在冷漠的面具下。

竞争时代，几乎人的所有活动都是功利性的。在竞争中，我们变了，我们变得自私、自利、自大、猜疑、虚伪、贪婪。在竞争的环境下，甚至有人能做出谋财害命的事，能做出良心磨灭的事。即使两人仅仅存在某种不直接的竞争关系，都能使人与人之间产生直接的隔阂与排斥。A 与 B 都是中国人，同时到了另外一个国家，在一个中国人本来就很少的国家，按理说，两人如果有机会相遇，那是不小的一份缘，相见，还不得老乡见老乡，两眼泪汪汪。可惜，A 是 C 公司的员工，B 是 D 公司的员工，而 C 公司与 D 公司之间存在竞争关系，于是两人见面，先是聊开，后来知道了对方的公司后，两人立刻起了防备之心，隔阂瞬间产生，两人发现话题在那一刻少了许多，甚至就此说再见了。接下来就不可能像正常情况下，两人互留联系方式，最终成为朋友了。两人都是独在异乡为异客，成为朋友完全是正常现象，而由于竞争的存在，这种正常现象发生的概率就只能很低了。

当然，两人在处理这件事时，也并没有不妥，因为可能双方都仅仅是为了保护公司的信息安全，或是为了在某种程度上保护自己公司的利益。

有人说，生活就像是一场博弈，所以我们必须小心翼翼地走每一步。但竞争之于人性，是一种渗透性的入侵。竞争直接引申敌对，而当敌对形成，便不知不觉在人的心里烙下隔阂与排斥。而当隔阂与排斥一旦产生，敌对与仇视的人性也就自觉地滋生。人性在利益的驱使下总是脆弱的。我们只在乎着自己的利益，把他人置之度外。我们之间增添了一堵无形的城墙，我们彼此变得好陌生。我们时时刻刻都在想着怎样去对付别人，打败别人。我们只需要竞争，那份纯真早已被那风儿吹走，吹得无影无踪，我们就如战场上的敌人，冷漠、无情、针锋相对。仿佛把别人比下去才是自己的使命。物竞天择，适者生存固然是自然界乃至人类社会的生存法则，但过分的弱肉强食必导致人性泯灭。竞争最激烈的时候，更需要停止“战争”，静下心来，找回自己的那份纯真。

纯真是一种智慧，更是一种力量，在物欲的社会中异军突起，浑然天成，彰显纯真的力量。

蜚声世界的美国石油大王哈默在年轻时候，一度是个不幸的逃难者。有一年冬天，年轻的哈默随一群同伴流亡到美国南加州一个名叫活尔逊的小镇上。在那儿，他认识了善良的镇长杰克逊。

一天，冬雨霏霏，镇长门前花圃旁的小路成了一片泥淖。于是，行人就从花圃里穿过，弄得花圃里一片狼藉。哈默替镇长痛惜，便不顾寒雨淋身，一个人站在雨中看护花圃，让行人从泥泞的小路上穿行。镇长回来了，他挑了一担煤渣，在一头雾水的哈默面前，从从容容地把煤渣铺在了泥淖的小路上，结果，再也没有人从花圃里穿行了。最后，镇长意味深长地对哈默说：“你看，关照别人，其实就是关照自己，有什么不好？”

哈默成功后，有一年世界原油价格大涨，哈默的对手对东欧国家的石油输出量都略有增加，唯独哈默输出量明显减少，这让许多人非常不解，黑人记者杰西·克库思千方百计找到了哈默，就这个问题请教了他。

哈默说了一段让人终生难忘的话：关照别人就是关照自己。那些总想在竞争中出人头地的人如果知道，关照别人需要的只是一点点的理解和大度，却能迎来意想不到的收获，那他一定会后悔不迭。

关照是一种最有力量的方式，闪耀着人性的光辉。生活中很多时候，有许多我们用金钱和智慧千方百计得不到的东西，却因为一点点温暖、真诚和善良，轻而易举地就得到了。只是因为，很多时候，这些看似平凡而又简单的付出，却比金钱和智慧放射出更加诱人的光亮和色彩，却比金钱和智慧更加令人愉悦。因为只有合作和互助，人类才会共同发展。

让我们一起去寻找曾经的那份纯真吧！就算它被你堆放在心的角落，布满了层层灰尘，也可以轻轻擦拭，将灰尘抖落，重又放回心的闪光处。

8. 去留无意，宠辱不惊

在陈眉公辑录《幽窗小记》中有这样一副对联：宠辱不惊，看庭前花开花落；去留无意，望天空云卷云舒。这句话的意思是说，为人做事能视宠辱如花开花落般平常，才能不惊；视职位去留如云卷云舒般变幻，才能无意。这与范仲淹的不以物喜、不以己悲实在是异曲同工，更颇有魏晋人物的旷达风流。

天圣二年（1024 年）秋，兴化县令范仲淹率领来自四个州的数万民夫，奔赴海滨。但治堰工程开始不久，便遇上夹雪的暴风，接着又是一场大海潮，吞噬了一百多民工。一部分官员，认为这是天意，堤不可成，主张取缔原议，彻底停工。事情报到京师，朝臣也踌躇不定。而范仲淹则临危不惧，坚守护堰之役。

大风卷着浪涛冲到他腿上，兵民们纷纷惊避，官吏也惊慌失措，范仲淹却没有动，他有意看看身旁的同年好友滕宗谅，宗谅正从容不迫地评论着一段屹立的堤堰。大家发现他两人泰然自若，情绪也安稳下来。经过范仲淹等人的努力坚持，捍海治堰又全面复工。不久，绵延数百里的长堤，便凝然横亘在黄海滩头。盐场和农田的生产，从此有了保障。往年受灾流亡的数千民户，又扶老携幼，返回家园。人们感激兴化县令范仲淹的功绩，都把海堰叫作“范公堤”。

范仲淹之所以能遇事从容不迫，是因为他抱定“不以物喜，不以己悲”这样一种生活信念；“宁为宇宙闲吟客，怕作乾坤窃禄人。”持久的拥有淡定从容的心境。

然而，宠辱不惊，去留无意说起来容易，做起来却十分困难。红尘的多姿、世界的多彩令世人怦然心动。名利皆人之所欲，又怎能不忧不惧、不喜不悲呢？

一代霸王项羽破釜沉舟，大破秦军后，便纵情傲物，沉迷于荣誉之中，最终被一个小小的刘邦击得落花流水，垓下之围，自刎乌江。

关羽斩庞德，擒于禁，可谓手到擒来，威震华夏，从此一发不可收拾，但却因躺在荣誉上不思进取，最后被不知名的吕蒙打得狼狈不堪，地失人亡。

瓦特自从发明蒸汽机以后，无休止地追求财富，在科学领域中停止了探索的脚步，最后一事无成。莎士比亚曾说：“荣耀如同水面上的水花一样，从一个小圆圈变成一个大圆圈，不停地扩大，直到无可再大，归于消灭。”如果在荣耀面前失去自己，那终究会毁了自己，如果一味地沉迷于追求荣誉，那么再大的荣誉也会变成一种负担，成为捆绑在翅膀上的黄金。

现在的人大多觉得活得很累，不堪重负。大家很是纳闷，为什么社会在不断进步，而人的负荷却更重，精神越发空虚，思想异常浮躁？因为陷于功名利禄的泥淖而无法自拔，疯狂追逐物欲而不知什么是生活真正的美、什么是人生的终极目标。金钱的诱惑、权力的纷争、宦海的沉浮让人殚心竭虑。是非、成败、得失让人或喜、或悲、或惊、或诧、或忧、或惧。一旦所欲难以实现，一旦所想难以成功，一旦希望落空成了幻影，就会失落、失意乃至失志。只有做到了宠辱不惊、去留无意方能心态平和，淡定从容，方能达观进取，笑看人生。

1960 年 3 月 31 日，马寅初因《新人口论》而被狂风暴雨地批斗了几个月后，终于被免去北大校长的职务。儿子回家告诉他这个消息时，他只是漫不经心地“噢”了一声，便不再言语，仿佛这是一件不值得一提的小事，继续看书，神态自若。

1979 年 9 月 14 日，北大隆重召开大会，给马寅初平反，恢复名誉，并对他进行高度评价。此时，马寅初已经是 97 岁的老人了，但仍然健康清醒，当儿子回来告诉他这一喜讯时，他心不在焉地“噢”了一声，不置一词，照旧闭目养神，心如止水，好像这事与他没什么关系。

宠辱不惊、去留无意应该是一个水到渠成的过程。因为是自己的主动选择，所以其中没有无奈。这样的境界，应该是一种繁华落尽见真淳的平淡，是一种笑对人生风雨的沉着，是一种历经岁月沧桑的智慧。

能做到这一点，实属不易。但是，中国现代化发展的功臣，改革开放的总设计师——邓小平却做到了，他凭着荣辱不惊的心态，稳当地走完了一生。他的一生，三起三落，在岗位上工作时，诚诚恳恳，艰苦朴素，遇荣不惊，从不居功邀赏；被下放后，虽然含冤受屈，生活条件恶劣，但却一如既往，整天想着为国家出谋献策，个人荣辱是小事，为人民而工作是邓小平意志行动的最高目的，他以自己的一生书写了中华民族崭新的历史。

我们要达到去留无意，宠辱不惊的境界。首先，要明确自己的生存价值，由来功名输勋烈，心底无私天地宽。不以物喜，不以己悲，若心中无过多的私欲，又怎会患得患失呢？其次，认清自己所走的路，得之不喜，失之不忧，不要过分在意得失，不要过分看重成败，只要自己经历过，只要自己曾经奋斗、努力过，就无怨无悔。

9. 修补精神家园

生活中，每个人都不是十全十美的，家财万贯的人也未必就会是幸福的，一个人幸福还是不幸福不能用金钱的标准来衡量。

人的一生，精神富足、享受生命比拥有财富更重要。人要在有限的生命进程中尽量让自己活得富裕一些，但是千万不能不择手段地获取财富，承担风险的享受远不如清贫的日子安逸。其实，每个人都可以随时享受生活，钱多有钱多的方法，钱少省吃俭用照样可以尽兴。

“金钱永远只能是金钱，而不是快乐，更不是幸福。”这是希尔的一句名言。假如一个人只盯着金钱，那么它很容易就会掉进金钱的陷阱里。我们都要小心控制自己对金钱的欲望，虽然没有钱什么事情也不好办，但是如果有了钱而不去合理地花销，也是一文不值。

物欲横流的社会中，很多人都被物质的浮华外表所迷惑了。二十几岁的女孩子择偶，动不动就以房子、车子、票子三大件为前提，而忽略彼此的价值观、生活背景及兴趣爱好。欲望太多，所以很累。欲望填满了，精神却空了。是的，物质很重要，但是光有物质，如果情感空虚，谈不到一块去，整天对着金山银山又有什么意义呢？

还有些年轻人，为了获得物质享受，不惜牺牲自己的名誉，刻意地通过各种渠道炒作自己，以达到出名的目的。这样的物质虽然获得相对容易，但因为舆论和众人异样的眼光，会让你始终都活在阴影里，即使获得的物质生活再丰富，最后也不会开心。

有一个女孩，她和丈夫在结婚前买了一套新房，房子面积不大，只有 80 多平方米，装修也很简单，没花多少钱。当时她的父母考虑到女儿的生活，要求男方买大一点的房子，豪华装修，否则不同意女儿去办结婚证。但是她却站在婆家的立场，反对自己父母的要求。

她说，对于她和丈夫的收入来说，这样的面积和装修是合理的。如果买大一点的房子并进行豪华的装修，那在以后的几年里，低收入的他们必须要节制地消费，有计划地还房款，何况他们每月都要给家里寄一些生活费，孝敬父母。那样的话生活将不再从容。

女孩说，她住进新房后感到很满足，不会羡慕自己的女同学们嫁了有钱人，更不在乎房子的面积是否够大，装修是否够漂亮。如果在自己和丈夫能力范围外去追求“豪华”的生活，她会一辈子都不快乐，因为现在的他们背负不起那样的压力。

这个女孩是一个聪明的人，她懂得自己需要什么，不需要什么。最难能可贵的是，她能对物欲说“不”。生活中又有多少人被欲望吸引着越走越远，越走越找不到快乐呢？

其实，物质贫穷不可怕，怕的是人的心理贫穷，精神空虚。因此精神富足是人生的终极目标。

建国初期，多少优秀的知识分子放弃了国外优越的条件而回到国内，在艰苦的环境下，白手创业，为国家建设默默奉献着自己的智慧和汗水，无怨无悔。在祖国面前，他们怀有一颗火热的赤子之心。祖国对他们而言，是何等神圣的字眼。

还有在撒哈拉沙漠中徒瞳跋涉的三毛，她感受了无尽的黄沙，天高而清远，地厚而安静，落日将沙漠染成鲜血的红色，一片苍凉的诗意。她写道：“生命，在这样荒僻落后而贫苦的地方，一样欣欣向荣地滋长着，它，并不是挣扎着在生存，对于沙漠的居民而言，他们在此地的生老病死都好似是如此自然的事。我看着那些上升的烟火，觉得他们安详得近乎优雅起来。自由自在的生活，在我的解释里，就是精神的文明。”蛮荒之地，终于被三毛布置成了沙漠中最美丽的家庭。“我，走到轮胎做的圆椅垫里，慢慢地坐下去，好似一个君王”，这种感觉，是多少钱也买不来的。

如果你不能像三毛那样去大沙漠体味生活，你还可培养个人的兴趣和爱好，比如可以绘画、打球、听音乐、弹吉他、书法……只要有一种自己感到愉悦满足的感觉那就行了。葛拉西安的《智慧书》告诉我们：“闲者脱离忧虑和窘困，并且显示出对自我的控制。”

不一定要你把这些娱乐活动做得多好，因为我们的专业不是这个。我们的目的是为了调节心情，否则就是陷入“泥沼”。还可以在自己能力的范围内帮助别人，培养无私的奉献精神，这些都是很好的事情。

每个人都有自己的兴趣爱好，古今中外，不论是奋斗终生的政治家，还是久战疆场的军事家，也不论是治学严谨的科学家，还是造诣高深的艺术家，他们的生活都不是单调乏味的，他们有着各种各样的兴趣爱好，他们有着充实的精神生活。

列宁喜欢打球、滑冰；陈毅擅长写诗、下围棋，他曾被棋院授予名誉五段的称号；爱因斯坦则钟情于小提琴。我们提倡培养和发展健康文明的兴趣爱好。

增添一点书香味。阅读，这几乎是对社会进步有所建树的杰出人物的共同爱好。马克思说他最喜欢的事是“啃书本”。高尔基在谈到他对书有浓厚兴趣时说：“我扑在书本上，像饥饿的人扑在面包上一样。”广泛阅读有价值的书籍，有助于培养高尚的情操，增长丰富的知识。在漫长的人生旅途上，应该有一种永恒的兴趣爱好——阅读。

欣赏音乐。健康的音乐可以陶冶人的情操，启迪人的智慧。中国杰出的科学家钱学森说："夫人蒋英是女高音歌唱家，而且是专门唱最深刻的德国古典艺术歌曲，正是她给我介绍了这些音乐艺术，这些艺术里所包含的诗情画意和对于人生的深刻理解，使我丰富了对世界的认识，学会了艺术的广阔的思维方法。"

跑步、做操、游泳、爬山等，不仅可以锻炼身体，增强体质，而且有利于培养勇敢顽强的品质。

爱好是你度过闲暇时间的一种有趣的方式，也是你寻求乐趣的一种活动。它就像一个由你选择的特殊的朋友，它吸引着你，你也喜欢它，并愿意为它花费精力。"着迷"，是种很棒的感觉，当你发现有件事情可以让你全神贯注时，千万别错过了。

10. 多给自己一点思考的时间

人生短暂，时间宝贵，所以不要将它们浪费在重复其他人的生活上。而如果你被教条束缚，那意味着你和其他人思考的结果一起生活。不要被其他人喧嚣的观点掩盖你真正的、内心的声音。更重要的是，你要自己思考人生，并有勇气去听从你直觉和心灵的指示——它们在某种程度上知道你想要成为什么样子，所有其他的事情都是次要的。

随着科技的进步、物质的丰富，人们开始安于现状，依赖社会给我们带来的便利和快捷，同时也让人们比以往任何时候都显得空虚浮躁。

我们需要思考，没有任何人可以禁锢我们的思想，我们应该让它鲜活起来。

有位哲学家带弟子们出行。途中，他问弟子：“有一种东西，跑得比光速还快，瞬间能穿越银河系，到达遥远的地方……这是什么?”弟子们争着回答：“是思想!”

哲学家微笑着点点头，继续说：“那么，有另外一种东西，跑得比乌龟慢，当春花怒放时，它还停留在冬天；当头发雪白时，它仍然是个小孩子的模样，那又是什么?”

弟子们不知如何回答。

“还有，不前进也不后退，没出生也不死亡，始终漂浮在一个定点。谁能告诉我，这又是什么？”

弟子们更加茫然。

“答案都是思想！它们是思想的三种表现，换个角度来看，也可以比喻成三种人生。”

望着聚精会神的弟子们，哲学家解释说：“第一种是积极奋斗的人生。当一个人不断力争上游，对明天永远充满希望和信心时，这种人的心灵就不受时空限制，他就好比一支射出去的箭，总有一天会超越光速，驾驭万物之上。第二种是懒惰的人生。他永远落在别人的屁股后面，捡拾他人丢弃的东西，这种人注定被遗忘。第三种是醉生梦死的人生。当一个人放弃努力、苟且偷生时，他的命运是冰封的，没有任何机会来敲门，不快乐也无所谓痛苦。这是一个注定悲哀的人，像水母的空壳漂浮于海中，不存在于现实世界，也不在梦境里……”

一个人如果不能享受孤独，学会思考，那么他就不可能有大成就。

你要去哪，工作的真正动力是什么，实现怎样的人生目标，具有怎样价值？

人活着到底为了什么，很多人都在问，也有很多人在为此做出不同的解释。问这个问题的人很困惑，解释这个问题的人同样也很困惑。基督说人来到这个世上就是受罪的；佛说，人在世上就是要修行。古人云：“人生如白驹过隙，倘不及时行乐，则老大徒伤悲也。”苏轼说人生如梦，梦醒后却嗟叹不已。李白说“人生得意须尽欢”，曹操说“对酒当歌，人生几何？”……凡此种种，嗟叹人生苦短，意义何求。

当代女作家毕淑敏在百年讲坛的一次演讲时谈及“人生有何意义”的问题，她说，“人生本没有意义”。毕淑敏的回答赢来全场的一片掌声。但掌声过后，毕淑敏的话又让人们陷入思索当中：“没有人会替你确定人生的意义，但如果你无法确定人生的意义，你将一辈子活在无意义状态里面。大到每一天，小到每做一件事情，你都会感到无名的痛苦，因为你不知道往什么地方走。所以，每个人必须为自己的人生确定意义。”

很多人信奉人为财死，鸟为食亡。在名与利面前，其实就是考验我们人生最为重要的时刻，可有的人却经不起名利的诱惑，在尊贵的生命面前，他们就失去了生命的洁白；在名利面前，把人与鸟放在了同等的地位，人已经失去了理性的思考力。

人不能像鸟一样活着，人需要智慧。托尔斯泰认为：“智慧就是懂得生活的任务以及怎样去完成。”一个人能够正确评价环境，能够了解自己的长处和短处，能够知道自己生活的意义，能够履行自己的责任，能够以积极的心态去解决困难，能够知晓别人并与之和睦相处，能够按自己思考的路线走下去……这都是人生的智慧。

人需要思考的问题太多了，当你静坐独思时，把自己放在云端之上，一切的感念都那么真切，一切都烦恼有如过眼烟云，一切的重负也都像失重般可挥之而去。此时此刻，你会觉得自己无比宁静，这或许正是人生的高度。试想，既然不能脱离尘世，何不让自己的心灵独处呢？沉静过后，你会发现原有的杂念、烦恼，都消失得杳无踪迹。这时你才能领悟到生命的真正意义，才真正体味到生命的价值。